Über das Buch

Glühend heiße Tage im australischen Outback überstanden, eine Tour quer durch die Sahara gemacht. Mit dem Motorrad gleich mehrere Jahre unterwegs gewesen. Den Kilimandscharo bestiegen. Die Welt umsegelt. In der Antarktis knapp der Schneeblindheit entgangen. Auf dem Jakobsweg Santiago de Compostela erreicht. Den Mont Ventoux mit dem Fahrrad bezwungen und natürlich zu Fuß nach Moskau gegangen. Nichts davon hat Manuel Andrack zu bieten. Er lief nie Gefahr, dass ihm seine Zehen erfroren wären oder der Sauerstoff knapp wurde. Die Wege waren meist markiert, und religiöse Ziele verfolgte er auch nicht. Er wollte eigentlich immer nur wandern – annehmbare Herausforderungen, keine Grenzerfahrungen. Oder stimmt das vielleicht nicht? Er erzählt von Wanderungen, die lebensrettende Operationen überflüssig machten, und von Basketballkörben am Rheinsteig. Und viele haben sich schon gefragt: Was sind eigentlich Flusstalwanderbahnen, und was hat es mit der erotischen Komponente beim Wandern auf sich? Und wie verhält man sich richtig auf einer Winterwanderung? Auf vereisten Wegen und durch endlose Schneeverwehungen – da lassen sich auch Gedanken an Schneeblindheit und Gott nicht länger verdrängen. Und ganz entscheidend: Wie schlug sich Andrack bei der Wander-WM in Österreich?

Der Autor

Manuel Andrack, geboren 1965, »Sidekick« von Harald Schmidt, bekam 2001 und 2003 den Deutschen Fernsehpreis, war zweimal für den Grimme-Preis Spezial nominiert und wurde mit dem Grimme Online Award TV 2001 und der Goldenen Feder 2002 ausgezeichnet. Seit Januar 2005 ist er wieder mit Harald Schmidt in der ARD zu sehen. Sein erstes Buch »Du musst wandern« wurde mit dem Preis der Internationalen Tourismusbörse BuchAward 2006 ausgezeichnet.

Weitere Titel bei Kiepenheuer & Witsch

»Du musst wandern. Ohne Stock und Hut im deutschen Mittelgebirge«, KiWi 879, 2005. »Meine Saison mit dem FC. Ein Bildungsroman. Ein Reiseroman. Ein Liebesroman«, KiWi Köln, 2005.

Manuel Andrack

Wandern

DAS DEUTSCHE MITTELGEBIRGE
FÜR AMATEURE UND PROFIS

Kiepenheuer & Witsch

1. Auflage 2006

Umschlaggestaltung: Barbara Thoben, Köln
Umschlagmotiv: © Achim Kröpsch, Düsseldorf
Fotos, Karten und Zeichnungen im Innenteil: © Manuel Andrack, Köln
Foto Hermann Hesse © DLA Marbach
Gesetzt aus der Janson und Galathea
Satz und Reproarbeit: grafik & sound, Köln
Druck und Bindearbeiten: Clausen & Bosse, Leck
ISBN 10: 3-462-03745-5
ISBN 13: 978-3-462-03745-6

Für Claudia und Edgar

Inhalt

Vorwort

Im letzten Jahr erschien mein erstes Buch über das Wandern, und schon kurze Zeit später begannen die Leute, mir zu schreiben. Dabei waren es nicht einfach Reaktionen auf das Buch, meist empfahl man mir einen neuen Wanderweg oder eine Gegend, die ich nicht kannte. Manche Gebiete hatte ich vielleicht vorschnell ausgeschlossen oder hatte sie aus irgendwelchen Vorurteilen heraus übergangen. Für andere hatte ich mir einfach nie die Zeit genommen. Vielleicht hatten die Damen und Herren, die mir schrieben, ja recht? Vielleicht müsste man, so dachte ich mir, doch noch ein Buch über das Wandern schreiben. Gute Gründe gab es reichlich:

1. war ich noch nie in einer größeren Gruppe gewandert. Gab es zwischen Gruppenwanderung und Solistenwanderung überhaupt gravierende Unterschiede? Das musste überprüft werden.
2. las ich in der ZEIT über Baumkronenforschung. Was es nicht alles gibt, sollte man sich eigentlich mal ein Bild von machen.
3. war in meinem ersten Wanderbuch keine Wanderung im flächengrößten und mit Naturschönheiten gesegneten Bayern dabei gewesen. Konnte man eigentlich nicht so stehenlassen.
4. sprach mich nach einem Auftritt während meiner Lesereise in Ludwigshafen ein Christian vom Naturfreundehaus Elmstein im Pfälzer Wald an und erzählte mir viel über die Bewegung der Naturfreunde. Hörte sich sehr spannend an, musste ich mir unbedingt anschauen.

5. dann die Sache mit der Geologie. Menschen hatten mich auf offener Straße angesprochen und hatten gebeten, gefleht und gebettelt: Bitte, erklären Sie uns doch in wenigen verständlichen Sätzen die Geologie. Konnte ich alle diese Leute enttäuschen?
   Und

6. meine Kinder erst. Sie hatten mir in den vergangenen Monaten in den Ohren gelegen, sobald wie möglich wieder wandern gehen zu dürfen. Ich sollte mir aber eine Menge neuer Geschichten und Sagen ausdenken und nicht immer die gleichen ollen Kamellen erzählen.

7. Ich hatte von einer Wander-WM in Österreich gehört, was meinen Ehrgeiz weckte. Könnte ich es tatsächlich schaffen, Wanderweltmeister zu werden?

8. In »Du musst wandern« ging es oft darum, wie viele Kilometer am Tag ich schaffen konnte und wie hoch meine Wanderdurchschnittsgeschwindigkeit war. Schneller, höher, weiter. Das ist vorbei. Ich bin älter geworden. Der Zahn der Zeit nagt an meinem Körper. Und das wirkt sich natürlich auch auf mein Wanderhobby aus.

Sie sehen, es gab eine Fülle von Gründen, »Wandern« zu schreiben. Nicht als Fortsetzung von »Du musst wandern«, sondern als Weiterführung und Ergänzung. »DMW« ist die Grundschulfibel des Wanderns, das vorliegende Buch die fast komplette Enzyklopädie des Wanderns.

Ich möchte mich vorab schon bei jedem Leser entschuldigen, dessen Lieblingswandergebiet schon wieder keine Aufnahme gefunden hat oder dessen Lieblingswandergebiet ich nicht ganz so toll fand. Sie wissen doch, wie Kritiker – und dazu gehöre ich als Kritiker des guten Weges auch – sind. Sie haben meistens keine Ahnung.

Ich habe versucht, viele deutsche Wanderregionen zu berücksichtigen. In »Wandern« sind die Bundesländer Bayern, Baden-Württemberg, Hessen, Thüringen, Sachsen, Brandenburg, Nordrhein-Westfalen und Rheinland-Pfalz vertreten. Die anderen Bundesländer sind entweder zu klein oder haben keine Mittelgebirge zu bieten. Sorry, Saarland, Schleswig-Holstein und Bremen. Trotzdem bleibe ich dabei: Ich möchte mit diesem Buch keinen Wanderführer vorlegen, Sie müssen die beschriebenen Touren nicht exakt nachgehen. Manchmal werde ich auch recht deutlich und sage, dass sich das auch überhaupt nicht lohnt. Das Buch soll vielmehr alle Vielwanderer und neugierig gewordene Wandernovizen ermutigen, Deutschland und seine unterschiedlichen Regionen kennenzulernen.

Ich danke meinen Mitwanderern, meiner Frau, meinen Töchtern und meinen besten Freunden Victor und Markus. Und ich danke meiner Lektorin Birgit Schmitz.

Köln, im Sommer 2006   *Manuel Andrack*

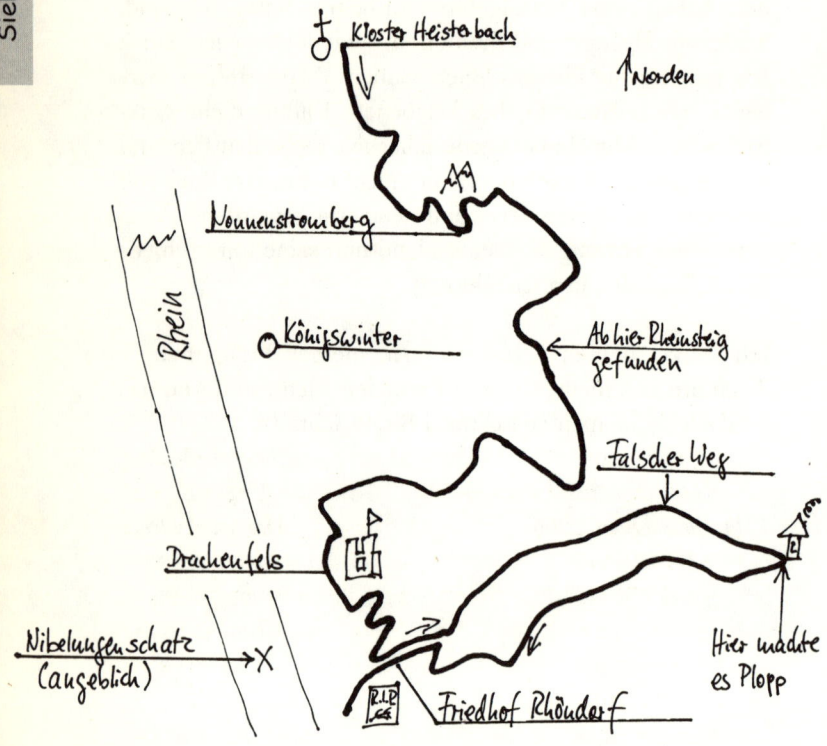

Kloster Heisterbach

↑ Norden

Nonnenstromberg

Rhein

Königswinter

Ab hier Rheinsteig gefunden

Falscher Weg

Drachenfels

Hier machte es Plopp

Nibelungenschatz (angeblich) →X

R.I.P

Friedhof Rhöndorf

Wandern als Therapie

EIN DRAMOLETT

Personen

Ein Urologe
Eine Nachtschwester
Ein Nachtportier
Ein russischer Stationsarzt

Schauplatz ist die Kölner Innenstadt
und das Siebengebirge bei Bonn,
die Zeit Januar 2005.

Warum ist es am Rhein so schön? Unzählige Rheintouristen
haben sich diese Frage gestellt, egal ob sie aus England, den
USA oder Japan kamen. Ich beantworte die Frage zunächst
einmal als Kölner. Am Rhein ist es natürlich wunderwunder-
schön, weil die tollste Stadt der Welt, ach was, des Universums, am Rhein liegt. Wenn man aber vom schönen Rhein
spricht, meint man eigentlich nicht den Rhein bei Köln,
sondern das Mittelrheintal zwischen Koblenz und Bingen.
Der Mittelrhein ist Weltkulturerbe, womit er genauso be-
deutend wie das Bergwerk Rammelsberg in Goslar, die
Ruinenstadt Butrint in Albanien und die historische Karton-
fabrik von Verla in Finnland ist. Sollte also irgendjemand auf
die Idee kommen, das gesamte Tal mit Bürotürmen vollzu-
stellen oder eine sechsspurige Autobahnbrücke über den
Rhein zu bauen, dann sind ruckizucki die UNO, die UNI-

CEF, die UNESCO und der CIA zur Stelle, und der Rang des Weltkulturerbes ist dahin.

Vom Schiff und vom Zug aus fand ich das Rheintal immer schon schön. Trotzdem wäre ich nie auf die Idee gekommen, am Rhein zu wandern. Der Rheinhöhenweg verlief auf asphaltierten Wirtschaftswegen weit weg vom Fluss durch viele Dörfer und kleine Städte. Es hatte lange gedauert, bis sich daran etwas änderte. Die regionalen Tourismusverbände und die Bundesländer Nordrhein-Westfalen, Rheinland-Pfalz und Hessen hatten sich zusammengetan und einen gemeinsamen »Qualitätsweg« mit dem griffigen Namen »Rheinsteig« geplant. Im Herbst 2005 sollte der anspruchsvolle Weg offiziell eröffnet werden. »Erlebniswandern pur« versprach man mir und allen anderen ambitionierten Wanderern.

Es war Januar und mitten in der Nacht. Ein abwechselnd drückender und stechender Schmerz fuhr durch meine linke Seite. Ich stand auf, lief auf und ab, aber nichts half. Um vier Uhr bestellte ich ein Taxi zur Uni-Klinik. Noch während der Fahrt wurden die Schmerzen schlimmer, und ich fühlte mich wie eine Gebärende im Endstadium der Presswehen (an dieser Stelle schon einmal eine Entschuldigung an alle Mütter: Ich weiß, ich weiß, wir Männer werden die Schmerzen des Kinderkriegens nie nachempfinden können). In der Uni-Klinik empfing mich ein Pförtner mit der Figur eines Bodybuilders, ein Rausschmeißer für Betrunkene, Nervensägen und Junkies.

Als ich der Nachtschwester meine Symptome geschildert hatte, war sie zunächst unsicher, ob sie mich zum Urologen oder zum Chirurgen schicken sollte. Aber als im Urin Blut nachgewiesen wurde, tippte sie auf Nierensteine und

Der Beginn einer Wanderung: Die Universitätsklinik zu Köln

schloss mich an einen Tropf an. Sie verabreichte mir ein Potpourri aus dreierlei Schmerzmitteln plus einer Lösung gegen Übelkeit, und ich entspannte von Minute zu Minute. Genauso muss sich ein Drogenabhängiger fühlen, wenn er sich nach langer Zeit wieder einen Schuss setzt. Mich durchströmte ein unglaubliches Glücksgefühl. Keine Schmerzen mehr, herrlich!

Drei Stunden Wartezeit und zwei Röntgenaufnahmen später teilte mir der russische Stationsarzt der Urologie mit: »Sie haben einen Nierenstein, und der muss schleunigst weg.«

Er überwies mich an einen niedergelassenen Urologen, bei dem ich eine Stunde später eintraf. Missmutig betrachtete dieser meine Röntgenaufnahmen. »Wir müssen unbedingt für den übernächsten Tag einen Operationstermin für Sie ansetzen. Ihre linke Niere arbeitet nicht mehr. Wir müssen den Nierenstein lokalisieren.« Zur Erinnerung: Jeder Mensch hat zwei Nieren.

In den nächsten sechs Stunden wurden noch weitere acht Röntgenaufnahmen gemacht. Auf den ersten Aufnahmen war kein Nierenstein zu sehen gewesen, und man spekulierte schon, ob es zu einer Nierentransplantation kommen werde. Woher sollte ich so schnell eine Spenderniere nehmen? Dann entdeckte man den Nierenstein doch noch. Er steckte im Harnleiter fest, weshalb er auch nicht mit Laserstrahlen zertrümmert werden konnte. Eine Operation schien unvermeidlich.

Zwischen den vielen Röntgenaufnahmen hüpfte ich durch den nahe gelegenen Stadtpark. Der Urologe hatte mir empfohlen, mich viel zu bewegen und vor allem zu springen. »Dann könnte der Nierenstein wandern.« Im Park fühlte ich mich etwas unwohl. Langsam machte sich das latente Schlafdefizit bemerkbar, und die Blicke der anderen Spaziergänger blieben mir nicht verborgen. Ist der einfach nur irre und hält sich für ein Känguru, oder läuft hier irgendwo eine versteckte Kamera?

Am nächsten Tag stand ich früh auf und ging zum Urologen. Was wörtlich zu verstehen ist, da ich in diesen Stunden und Tagen kein öffentliches Verkehrsmittel, kein Taxi und kein Fahrrad für meine Touren durch die Stadt benutzte. Alles wurde zu Fuß gemacht, ich erwanderte mir meine Stadt schnellen Schrittes. Denn vom Hüpfen war ich mittlerweile abgekommen. Es sah wirklich zu dämlich aus.

Nach den ersten Röntgenaufnahmen keimte Hoffnung auf. »Der Stein ist kurz vor das Ostium gesunken (Ostium, häh?), und ihre linke Niere arbeitet wieder. Haben Sie sich viel bewegt?« Was für eine Frage, ich war ungefähr 20 Kilometer gelaufen. Der Urologe hatte ein Einsehen, verschob den Operationstermin noch um einen Tag und verschrieb mir als Therapie: Laufen und Saufen. Am besten solle ich tüchtig wandern. Mit den Worten: »Morgen sehen wir dann, ob der Nierenstein schon weiter hinabgerutscht ist«, verabschiedete er mich, und ich durfte raus in die Natur, statt im Krankenhaus zu liegen.

Ich überlegte fieberhaft, wo ich hinfahren könnte, denn das Laufen in Köln war nur begrenzt geeignet. Es war zu flach, der gewünschte Effekt würde sich erst im Gebirge einstellen. Die in Frage kommenden Berge in der Eifel waren mindestens anderthalb Stunden entfernt. Da erinnerte ich mich an den Rheinsteig, der laut Zeitungsartikel im Siebengebirge beginnen sollte. Und bis dahin war es nun wirklich nicht weit.

Das Siebengebirge kann man bei guter Sicht schon von Köln aus sehen. Es erstreckt sich am rechten Rheinufer, direkt gegenüber dem alten Regierungssitz, zwischen Bonn-Beuel und Bad Honnef. Der Name leitet sich vermutlich nicht von den sieben Hauptbergen ab, sondern von den Siefen. Siefen nennt man die feuchten Nebentäler eines kleineren Gebirges. Weil es dort nass ist und tropft, sind die Siefen auch der Wortstamm für siffig, das ja das passende Adjektiv für alles Schmutzige, Unordentliche, Ekelhafte ist. Da dachte man sich wohl: SIEBENgebirge hört sich entschieden schöner an als SIFFENgebirge.

Losgehen sollte es am Kloster Heisterbach. Als Zielort hatte ich Bad Honnef, 20 Kilometer entfernt, geplant. Am Kloster suchte ich verzweifelt nach einer Markierung für den Rheinsteig, fand aber keine. Na toll, das fing ja gut an. Angeblich waren doch alle Wegmarkierungen schon angebracht. Ich konnte nichts entdecken und hielt mich zunächst an den guten alten Rheinhöhenweg, der mit einem weißen »R« auf Holzrinde gekennzeichnet ist. Auf den Nonnenstromberg ging es steil bergan, und bergab ging ich im Nierenstein-muss-weg-Tempo. Mit weit ausholenden Schritten lief ich mehr, als dass ich wanderte. Bei jedem Schritt versuchte ich, meinem Körper einen gewaltigen Stoß zu versetzen. Eigentlich ein Unding meinen Gelenken gegenüber, aber die Operation wollte ich auf jeden Fall vermeiden. Hinter dem Nonnenstromberg und dem Einkehrhaus namens »Einkehrhaus« verließ ich dann den Rheinhöhenweg und ging Richtung Rheintal. Irgendwann, so mein Kalkül, müsste ich auf den Rheinsteig treffen. Und nach einem Kilometer war es so weit. Ich sah das erste Mal einen weißen Schlängel auf blauer Emaille. Ein stilisiertes »R«, das zugleich einen Fluss darstellt.

Drei Kilometer später kam ich außer Atem auf einen asphaltierten Weg. Andenkenläden und Bratwurstbuden. Ich wusste, jetzt geht es zum Drachenfels. Als Kind bin ich etliche Male dort hinaufgelaufen oder auf einem Esel hochgeritten. Von Königswinter (bekannt aus dem großartigen Karnevalsschlager »Es war in Königswinter, nicht davor und nicht dahinter, als ich auf dich reingefallen bin«) fuhr auch eine Zahnradbahn, die ich noch nie benutzt hatte. Und auch heute nicht. Denn so ernst hatte ich mein Motto »Du musst wandern« noch nie genommen. Heute musste ich wandern, bis dieser verdammte Stein meinen Körper verlassen hatte, wenn es sein musste, bis tief in die Nacht.

Das Ensemble aus Burgruine und Waschbeton oben auf dem Drachenfels ist entsetzlich. Das 70er-Jahre-Restaurant und die Aussichtsterrasse so groß wie der Rote Platz verleihen dem Ort den Charme einer Raketenabschussbasis. Hier war es am Rhein definitiv nicht schön. Als Kind hatte man mir erzählt, dass man von dort oben das Rheingold des Nibelungenschatzes am Grund des Flusses schimmern sehen konnte. Aber selbst als Kind wusste ich, dass es nur die glitzernden Sonnenstrahlen auf dem Wasser waren. Auch den Hörspielautomaten mit der Sage von Siegfried und dem Drachen gab es damals schon. Vor 35 Jahren kostete es einen Groschen, den blechern klingenden Ausführungen zu lauschen, heute einen Euro.

Für das alles hatte ich aber keine Zeit. Weiter ging es im bekannten Tempo bergab nach Rhöndorf, dort, wo der einzig wahre Altkanzler Adenauer seine letzten Lebensjahre verbracht hat und auch gestorben ist. Es ist vermutlich kein Zufall, dass der Rheinsteig am Friedhof von Rhöndorf und dem Grab Adenauers vorbeiführt. Eine Pilgerstätte war dieser Ort aber nur für Männer wie meinen Großvater, der nach dem Krieg als eines der ersten CDU-Mitglieder in Köln die Mitgliedsnummer 006 führte.

Hinter dem Friedhof wurde der Weg unendlich öde. In langgezogenen Rechts-links-Kurven ging es einen breiten Waldwirtschaftsweg bergan. Das sollte der ach so toll geführte Rheinsteig sein? Unmöglich. Zumal ich keine Wegmarkierung mehr entdecken konnte. Da hatte ich wohl eine Abzweigung verpasst. Egal, immer weitergehen, ich würde den Rheinsteig schon wieder finden. Auf dem nächsten Berg, der Löwenburg, machte ich Rast. Der Berg ist mit 455 Metern der zweithöchste des Siebengebirges, immerhin 400 Meter über Rhein-Niveau. Ich aß im »Löwenburger Hof« zu Mittag und trank zwei Hefeweizen. Denn: »Neben dem Wandern nicht vergessen: viel trinken«, hatte mein Urologe mir eindringlich empfohlen, von alkoholfreien Getränken war nicht die Rede gewesen. Mit einem handelsüblichen kleinen Küchensieb ging ich auf die Toilette. Ich sollte, um den Nierenstein später analysieren zu können, ihn in einem Sieb auffangen. Unzählige Male hatte ich in den letzten 36 Stunden durch das Sieb gepinkelt.

Es machte ein leises Plopp, und der Stein war da. Winzig, spitz und dunkel. Ich steckte ihn in mein Portemonnaie. Mein Körper produzierte nun derartig heftig Endorphine, dass der Drogenmix am Tropf nichts dagegen war. Bis nach Bad Honnef musste ich jetzt nicht mehr gehen. Auch das Wandertempo wurde wieder gemäßigter, und ich hatte sogar den richtigen Riecher: Ich fand den Rheinsteig und schwebte dem Rhein Richtung Rhöndorf entgegen. Ein Weg erster Kategorie mit Aussichten auf das Siebengebirge und den Rhein. Da es ein normaler Wochentag war, rechnete ich nicht mit besonders vielen Leuten, die hier unterwegs sein würden, und sang lauthals »So ein Tag, so wunderschön wie heute«. Kein Aufstieg des 1. FC Köln, keine Meisterschaft konnte schöner sein!

Mein Urologe war sehr zufrieden mit mir. Der OP-Termin wurde abgesagt. Der Nierenstein war gewandert, weil ich gewandert war. Wandern kann so gesund sein!

Aufführungslänge
17 Kilometer
Aufführungsdauer
4 Stunden, 36 Minuten
mit einer 48-minütigen Pause
Programmheft
Hatte ich nicht dabei, es empfiehlt sich aber die sehr
aktuelle Karte »Bonn und das Siebengebirge«, 1:25.000,
in der der Rheinsteig schon verzeichnet ist.

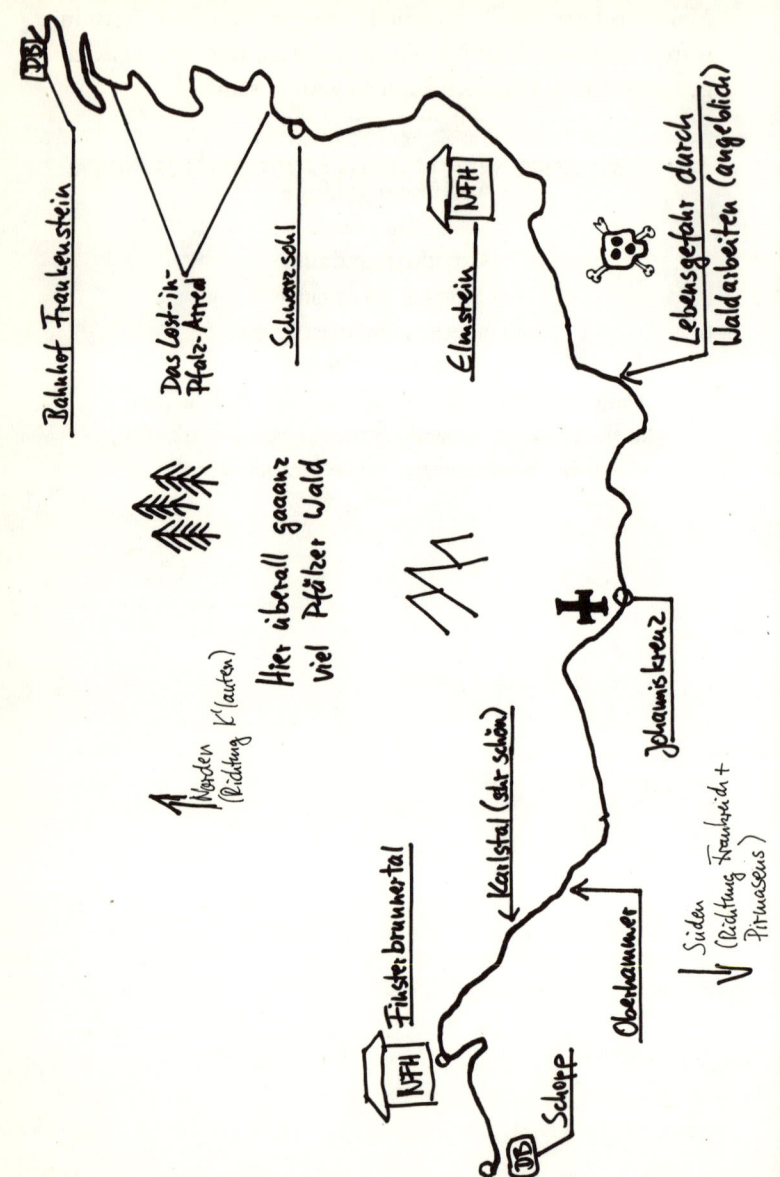

Pfälzer Wald

Bahnhof Frankenstein

DB

Das Lost-in-Pfalz-Areal

Schwarzsohl

Hier überall gaaanz viel Pfälzer Wald

Norden (Richtung Klauten)

NFH

Elmstein

Lebensgefahr durch Waldarbeiten (angeblich)

Karlstal (sehr schön)

Johanniskreuz

Finsterbrunnertal

NFH

Süden (Richtung Traunbrücke + Pirmasens)

Oberhammer

Schorre

DB

Berg frei!

EIN DRAMA DER ARBEITERBEWEGUNG IN FÜNF AKTEN

Personen

Victor	Mein bester Freund und Schauspieler
Viktor Frankenstein	Monstermacher
Christian ⎫ Helmut ⎬ Klaus ⎭	Mitarbeiter im Naturfreundehaus Elmstein
Gerard ⎫ Der Mann am Telefon ⎭	Mitarbeiter im Naturfreundehaus Finsterbrunnertal
Die Serviererin im Café Nickels	
Seminarteilnehmer von ver.di	

Schauplatz ist der Pfälzer Wald, die Zeit Januar 2006.

Also mal ehrlich, alle Wanderer sind doch Naturfreunde. Deswegen liebt man dieses Hobby schließlich, weil es einen an den schönen Busen von Mutter Natur drückt. Ich hatte mir deshalb nie etwas dabei gedacht, wenn ich in den vergangenen Jahren an Naturfreundehäusern vorbeigegangen war. Ich vermutete dort immer Treffen großer Naturliebhaber. Dass es sich um eine hochpolitische Vereinigung handelt, hatte ich nicht gewusst.

1895 waren die Naturfreunde in Wien als Arbeiterwanderverein gegründet worden und hatten sich Folgendes zum Ziel gesetzt: »Raus aus den grauen Fabrikhallen, in der Natur Entspannung und Kraft für den gesellschaftlichen Kampf für gleiche Rechte aller Menschen finden« – also Wandern als Vorbereitung auf den Klassenkampf. Und tatsächlich kämpften die Naturfreunde nicht nur für bessere Arbeitsbedingungen, sondern auch für klassenlose Wanderungen. Denn um die vorletzte Jahrhundertwende waren die Wanderwege häufig Privatwege. Der Wald gehörte Adel oder Kirche, und damit waren die Wege nicht frei zugänglich. Also musste erst einmal das Recht erkämpft werden, in den Wäldern zu wandern. Die Naturfreunde organisierten Demonstrationen und marschierten, so stelle ich mir das zumindest vor, mit wehenden roten Fahnen und Arbeiterliedern durch die Wälder. Um ihrem Anliegen Ausdruck zu verleihen, prägten die Naturfreunde den Kampfruf »Berg frei!«.

Mit solidarischen Gefühlen für die Internationale waren Victor und ich um die Mittagszeit losgewandert. Unser Ausgangspunkt war der kleine Talort Frankenstein in der Pfalz, an der Bahnstrecke zwischen Neustadt an der Weinstraße und Kaiserslautern gelegen. Es war ein herrlicher Wintertag mit strahlend blauem Himmel, und in drei bis dreieinhalb Stunden wollten wir über Schwarzsohl das Naturfreundehaus in Elmstein erreichen. Oberhalb des Bahnhofs passierten wir die Burg von Frankenstein. Das war

26

aber nicht DIE Burg Frankenstein. Bevor ich von der Wanderung erzähle, ein paar Worte zur Frankenstein-Mythologie. So viel Zeit muss sein.

Die Burgruine von Frankenstein in der Pfalz hat nichts mit der Geschichte um den jungen Wissenschaftler Viktor Frankenstein (Viktor mit »k«, nicht wie mein Freund Victor mit »c«) und das von ihm geschaffene Wesen, auch Monster genannt, zu tun. Aber einige Kilometer weiter nordöstlich, bei Darmstadt, gibt es die echte Burg Frankenstein. Und dort hat Anfang des 18. Jahrhunderts der Alchimist Dippel ein Labor besessen. Da dem Pfarrer vor Ort die Aktivitäten des Herrn Dippel unheimlich waren, setzte er das Gerücht in die Welt, dass der Wissenschaftler für seine Experimente Leichen ausgraben würde und sie zum Leben erwecke. Und diese Unholde würden in den Wäldern rund um die Burg ihr Unwesen treiben, würden Kinder rauben und Jungfrauen schänden. Diese Gruselmär schnappten wiederum die Gebrüder Grimm auf und fügten sie ihrer Märchensammlung bei. Die beiden fürchteten aber, dass die Geschichte nur eine Jugendfreigabe ab 18 Jahren erhalten würde (wegen Gewalt und Sex und so) und daher als Hausmärchen ungeeignet war. Die Geschichte vom Alchimisten Dippel von Burg Frankenstein war jedoch voreilig von den Grimms nach England geschickt worden, um sie dort übersetzen zu lassen. Die Übersetzerin war Mary Jane Clairmont, deren Sohn wiederum Mary Shelly ehelichte, die dann letztendlich das berühmte Frankenstein-und-sein-Monster-Buch schrieb. Die Geschichte war also gewandert – über zeitliche und räumliche Distanzen hinweg.

Mich gruselte auf unserer Wanderung nicht so sehr vor dem Frankenstein-Monster, viel mehr fürchtete ich mich vor dem älteren Mann mit Nordic-Walking-Stöcken, der uns direkt hinter der Burgruine überholte. Der Mann ging eine Weile in Sichtweite voran, und wir folgten der lebenden Wandermarkierung. Bis er hinter einer Wegbiegung verschwand. Ratlos schauten wir uns um. Wir hatten den Weg verloren und wohl eine Markierung übersehen. Da mein zweiter Vorname »Orientierungssinn« ist, schlug ich vor, erst einmal Richtung Tal zu gehen. Da würden wir mit großer Sicherheit wieder auf unseren grün-blaugestreiften Wanderweg gelangen. Funktionierte leider nicht. Im Tal fanden wir keinerlei Hinweise mehr. Als Mittelgebirgswanderer ist man gewöhnt, an jeder Wegkreuzung Hinweisschildchen, Plättchen und Pfeile vorzufinden, anders im Pfälzer Wald. Wir gingen Kilometer um Kilometer und hofften an jeder neuen Weggabelung oder -kreuzung, endlich auf einen markierten Weg des Pfälzerwaldvereins zu stoßen. Aber alle Zeichen entpuppten sich beim Näherkommen als holzwirtschaftliche Hieroglyphen. In Neongelb und schreiend Orange hatten die Forstmeister Holzbesitzerkürzel und komplizierte Muster für die Waldarbeiter auf die Bäume gesprüht. Manches konnte nur als »Ab hier den ganzen Wald plattmachen« verstanden werden.

Kleinere Wandergebiete wie die Sächsische Schweiz funktionieren über die Qualität der Wege, der Pfälzer Wald besticht durch reine Quantität. Die aufkeimende Langeweile und Trostlosigkeit bekämpften Victor und ich, indem wir kleine Wurzelknoten zwischen uns hin und her kickten. Dabei brach immer mehr Geäst ab, bis das kleine Holzstück sich komplett aufgelöst hatte. Später liefen drei Rehe vor uns weg. Schnell waren sie verschwunden.

Anderthalb Stunden nach Sichtung der letzten Markierung machten wir eine Pause, der unsere letzten Vorräte an Wasser und Schokoriegeln zum Opfer fielen. Es war lächerlich: Wir waren zu einem besseren Spaziergang von vielleicht zwölf Kilometern aufgebrochen und rannten nun orientierungslos umher. Obwohl, nicht ganz orientierungslos. Denn Victor erinnerte sich an eine alte Kompassregel. Die Sonne stand zwar schon sehr tief, war aber immer noch gut zu sehen. Mit Hilfe unserer Uhren konnten wir die Himmelsrichtungen bestimmen (mit einer Digitaluhr geht das natürlich nicht). Man richtet den kleinen Zeiger auf die Sonne. Der halbe Winkel zwischen kleinem Zeiger und der Zwölf zeigt dann die südliche Richtung an. Tja, wir alten Pfadfinder! Wir waren zwar beide nie bei den Pfadfindern gewesen, hatten aber unsere Jugend gemeinsam in der Katholischen Studierenden Jugend (so was Ähnliches) verbracht. Und daher waren wir bei unzähligen Zeltlagern und Nachtwanderungen für das Überleben in freier Natur gestählt worden.

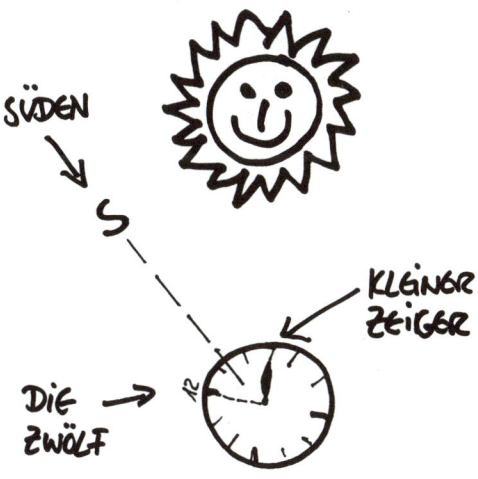

Genau in südlicher Richtung lag das Naturfreundehaus Elmstein. Nach meiner Berechnung konnten wir unser Ziel gar nicht verfehlen. Aber Victor las gerade eine Biographie über Ferdinand Magellan und lag mir in den Ohren, dass dieser auch wohlgemut mit 268 Leuten aufgebrochen war und davon nur 18 Mann nach Spanien zurückgekehrt waren. Wenn ich mir Victors körperliche und seelische Konstitution anschaute, wurde mir immer klarer, wer im Falle des Falles von uns beiden zu den Überlebenden zählen würde. Victor war einfach ein Pessimist. Wir würden die ganze Zeit im Kreis gehen, nörgelte er und wollte an jeder Wegkreuzung in die falsche, eher nördliche Richtung abbiegen. Er war der ungläubige Thomas, aber ich war überzeugt, ihn sicher ans Ziel zu führen. Schon bald überquerten wir eine Asphaltstraße und gingen auf einem parallel zur Straße geführten Wanderweg zum Waldhaus Schwarzsohl, bis ein rot-weißgestreiftes Flatterband den Weg versperrte. »Lebensgefahr« war in großen Buchstaben darauf zu lesen, »Waldarbeiten«. Ich hätte den Hinweis ignoriert, aber Victor fürchtete aufgebrachte und aggressive Forstarbeiter, sollten wir weitergehen. Also gingen wir zurück zur Asphaltstraße. Das Waldhaus hatte geschlossen. Danach zogen sich die Pfälzer Forstwege, öde und nervtötend, bis wir um fünf Uhr endlich das Naturfreundehaus Elmstein erreichten.

Wir wussten, dass wir am richtigen Haus angekommen waren, als wir das große Logo der Naturfreunde an der Fassade sahen. Unter drei roten Blumenblüten sah man zwei Hände, die zum Gruße (oder zur Einheit) sich umschlungen hielten. Das gleiche Motiv kannte man vier Jahrzehnte lang vom Logo der SED, der Sozialistischen Einheitspartei Deutschlands. Da hatten doch diese ollen Kommunisten das Zeichen der Arbeiterwanderer geklaut. Frech!

Das Naturfreundehaus Elmstein besteht aus drei Gebäuden. Neben dem Haupthaus liegen noch ein Gästehaus mit Schlafräumen und ein Haus für Schulklassen. Ein hagerer Mittfünfziger begrüßte uns: »Tach, ich bin der Helmut.« Wir waren im sozialistischen Arbeiterparadies der Naturfreunde angekommen. Unter Genossen duzt man sich natürlich. Helmut zeigte uns das Zimmer, das für eine Jugendherberge recht luxuriös war. Ein Dreibettzimmer mit Dusche und WC. Und zwei Pikkolöchen standen auf einem kleinen Tisch. Eine Aufmerksamkeit des Hauses, die wir aber nicht nutzten.

Das Logo des Arbeiterwandervereins »Naturfreunde«

Um 18 Uhr gingen wir zum Essen. Wir bekamen eine riesige Schüssel Champignoncremesuppe, die Victor despektierlich Mehlschwitzensuppe nannte. Helmut servierte den Hauptgang, Putengulasch und Gemüsereis, mit den Worten: »Gemischte Vogelgrippe.« Ein Früchte-aus-der-Dose-Dessert schloss das Menu ab.

Außer uns waren noch 20 ver.di-Mitglieder zu Gast, die hier ein Seminar abhielten, dessen Thema wir nicht in Erfahrung bringen konnten. Eine kleine Auswahl von ver.di-Seminaren 2005 verdeutlicht, worum es gegangen sein könnte: »Einführung in den MTArb II« oder »LpersVG Rheinland-Pfalz: Einstieg leicht gemacht« oder auch »Sag dem Konflikt, ich komme«. Einige der Gewerkschaftler hatten sich schon Gitarren zurechtgelegt, und während wir

Und wir holen den Pokal.

Schöner essen: Victor und der
Naturfreundeteller für 6,30 Euro

noch unser Dessert aßen, ertönten die ersten Blues-Akkor-
de. Victors Blick gefror. Seine Nasenflügel bebten. »Ruhig,
Victor, nicht aufregen. Diese Gitarrenklänge kennen wir
doch aus unserer Jugendgruppe.« Den restlichen Abend
wurden Cat-Stevens-Songs oder Arbeiterlieder gespielt.
Victor beruhigte sich wieder, aber als die Musiker zu spanischen Gitarren-Impros ansetzten, stieß er ein gespielt fas-
sungsloses »Das ist ja grau-en-haft« hervor. Später am
Abend kam es zu einem regelrechten »Sängerstreit auf der
Wartburg«, als zwei Gitarrenkünstler und ein Gitarren-
Geigen-Duo um die Wette musizierten.

32

Liebe Leser, jetzt schließen Sie doch bitte die Augen (also erst am Ende des Satzes, sonst können Sie natürlich nicht lesen, was hier geschrieben steht) und versetzen sich zurück in die goldenen Zeiten des Fernsehens mit dem beliebten Showmaster Hans Rosenthal und stellen sich vor, Sie wären Kandidat seiner »Dalli Dalli«-Show.

Was fällt Ihnen zur Pfalz ein? – Dalli, Dalli: Helmut Kohl, Saumagen, die Walz aus der Pfalz, der Jäger aus Kurpfalz, der 1. FC Kaiserslautern, Saumagen, der Pfälzer Wald, Burg Trifels, Fritz Walter. Gut, Saumagen war doppelt, aber das ist gar nicht so falsch. Es gibt in der Pfalz nämlich nicht nur die »Fleischspezialität« Saumagen, sondern auch einen Kräuterlikör mit demselben Namen, der uns nach dem Essen angeboten wurde. Hausfaktotum Christian hatte uns den Schnaps an den Tisch gebracht. »Drei Saumage muss man mindeschtens trinke«, verkündete er strahlend in breitem Pälzisch. Die dialektkorrekte Aussprache kommt ohne das »f« aus.

Mit Christian tranken wir noch drei Weißherbstschorlen aus Halblitergläsern. Der Wein perlte rosa wie ein Dessertwein bei einem Damenball in den fünfziger Jahren. Christian war Experte für Ludwigshafener Punkmusik und die Naturfreunde. Die große Anzahl von Naturfreundehäusern in der Pfalz erklärt sich durch die Nähe der Arbeiterstädte Ludwigshafen, Kaiserslautern und Pirmasens. »Dort sind de Schlappeflicker zuhaus«, sagte Christian. Pirmasens lebt vom Schuhhandwerk. Dann setzte sich der Vorsitzende des Naturfreundehauses Elmstein, der Klaus, zu uns. »Wir Naturfreunde versuchen, die Arbeit für die Arbeiter der heutigen Arbeitswelt menschlicher zu machen«, erklärte er uns zu später Stunde. An der Essensausgabe der Küche, die gleichzeitig als Theke funktionierte, hatte ein Schild gestanden: »Geöffnet 9.00–21.00«. Ich weiß definitiv noch, dass an diesem Pälzer Abend (Das »f« in »Pfälzer« entschwand auch bei uns Rheinländern) die Öffnungszeiten nicht eingehalten wurden. Es wurde spät, sehr spät. »Völker hört die Signale!« galt hier nicht zwingend.

Am nächsten Morgen waren meine Beine schwer, und wir liefen nur bergauf. Die Temperaturen lagen knapp über dem Gefrierpunkt. Ich schwitzte trotzdem. Victor war außer Sichtweite enteilt. Sollte etwa der vierte oder fünfte Saumagen-Kräuterlikör schlecht gewesen sein? Ich war drei Kilometer nach Beginn der Tour völlig am Ende. Und es sollten noch 22 weitere Kilometer folgen, bis wir das Naturfreundehaus Finsterbrunnertal erreichen würden.

Das Schlimmste am Hinterherlaufen ist, dass der Schnellere an Wegkreuzungen immer wartet, bis man herangekommen ist, und dann direkt weitergeht. Dabei hätte ich eine Pause nötiger gehabt als Victor. Das Knie schmerzte, und die Blase, die ich mir an der Ferse unterhalb der Achillessehne gelaufen hatte, tat höllisch weh. Vielleicht war Wandern doch nicht das Richtige für mich. Zumal in meinem Alter!

Ich hatte mich immer über die Menschen amüsiert, die beim Überschreiten der 40 die große Lebenskrise bekommen. Quatsch, würde mir niemals passieren. Aber seit ich 40 Jahre alt bin, habe ich zunehmend das Gefühl, dass es körperlich bergab geht. Nach einer eingehenden Kernspintomographie hat mir mein Orthopäde dringend vom Joggen abgeraten. Er sagte nur: »Die Knöchel entsprechen in ihrem Verschleißstadium einem 40-Jährigen, der in seinem Leben zu viel gelaufen und zu schnell gewandert ist.« Na toll, ich dachte immer, Bewegung wäre das A und O für ein gesundes Leben. Ich hätte aber früher mit dem konsequenten Tragen von Einlagen beginnen sollen. Sie waren mir wegen meines Knick-, Senk-, Spreiz-, Klump- und Plattfußes mit extrem hohem Spann verschrieben worden. Ich hatte sie aber meistens nach wenigen Wochen weggeworfen. Die Einlagen passten schlecht in die Schuhe, waren einfach unbequem. Jetzt, nach den niederschmetternden orthopädischen Befunden, hatte ich zwei schicke Einlagen bekommen, ein Paar für meine Straßenschuhe, ein Paar für meine Sportschuhe. Und diese biegsamen, federleichten Einlagen hatte ich in meine Wanderschuhe gelegt. Und das passte wohl nicht so recht zusammen, zumindest schob ich meine Knieschmerzen und die Blase auf diese Einlagen.

Am Aussichtspunkt Kurfürstenstuhl wartete Victor zum wiederholten Mal auf mich. Durch den einsetzenden Regen war ich noch langsamer geworden. Der Boden war gefroren, und der Wanderweg verwandelte sich in eine Schlittschuhbahn. Wieder versperrten uns ein Flatterband und ein Hinweisdreieck mit Totenkopf den Weg. Doch wir pfiffen auf die Warnungen und gingen weiter. Wir hatten eh keine Alternative, da keine Umleitung angezeigt war. Schnell wurde klar, dass an diesem Tag im Wald kein Holz gefällt wurde, bei diesem Mistwetter ging kein vernünftiger Mensch vor die Tür. Aber, liebe Forstarbeiter, wenn ihr nicht arbeitet,

Diesen Warnhinweis ignorierten wir. Bitte nicht nachmachen!

könntet ihr doch auch eure überflüssigen Warnzeichen weg-
räumen, oder? Victor war inzwischen richtig sauer. »Weißt
du, Manuel, ich weiß gar nicht, was du über diesen beschis-
senen Weg schreiben willst. Diese ganzen Mittelgebirge
sehen doch alle gleich aus.« Und schon war er wieder weg,
und ich humpelte und schlich hinterher.

20 Kilometer südlich von Kaiserslautern, an einer Bundesstraße, liegt das Mekka der Motorradfahrer: Johanniskreuz.
Aber nur im Sommer. Als wir dort eintrafen, war noch nicht
einmal ein Auto zu sehen. Weshalb auch die beiden Restaurants geschlossen hatten. Aber der Wandergott war mit uns.
Eine einsame Rauchsäule stieg aus einem Kamin, keine 500
Meter entfernt. Selbst durch den Bindfadenregen konnten
wir die Leuchtreklame erkennen: CAFE NICKELS. Eine
Frau um die 40 stand hinter der Kuchentheke, und da es sie
nicht zu stören schien, zogen wir nasse Jacken und Pullover
aus und ließen sie in der Nähe des Holzofens trocknen. Wir
waren die einzigen Gäste, und warum nichts los war, erfuhren wir von der Kellnerin. Wenige Kilometer vor Johanniskreuz war ein Auto explodiert, und man hatte die Bundesstraße gesperrt. Und andere Wanderer, ergänzte die Frau,
waren bei diesem Wetter sowieso nicht unterwegs. Das
Radio meldete Schneefall in Lagen über 500 Meter. Also,
Herrschaften, wir waren hier weit über 500 Meter, und es
regnete!
Langsam wurde uns warm, und damit wurde es auch
immer schwerer, sich von diesem gemütlichen Ort loszurei-
ßen. Victor wollte ein Taxi zum Naturfreundehaus bestellen.
Das ging natürlich nicht, da es gegen meine Wanderehre
verstoßen hätte. Dann lieber noch ein bisschen weiterhum-
peln und leiden. Denn die seelischen Qualen einer abgebro-
chenen Wanderung würden noch schlimmer schmerzen als

die Blase und die Knie. Außerdem sollte die Straße noch auf absehbare Zeit gesperrt sein.

Wir zahlten, gingen los und stellten fest: Es hatte sich draußen nichts geändert. Es regnete immer noch, die Landschaft war immer noch öde, und die Forstwege, auf denen wir gingen, waren vereist. Wir vertrieben uns die Zeit mit Personen-Raten. Ein Spiel, bei dem man eine Person, fiktiv, real, lebend oder tot, mit Ja-Nein-Fragen erraten muss. Ich musste Hugo Chavez, Nofretete (habe ich lange dran geknabbert, da mir keine andere olle Ägypterin außer Kleopatra einfiel) und Haruki Murakami, den japanischen Schriftsteller, erraten. Victor musste J. F. Kennedy (hatte er sehr schnell raus), Margarete Steiff (hat schon länger gedauert) und Kommissar Hunter, den Polizisten aus den Micky-Maus-Heften, erraten. Über Kommissar Hunter gerieten wir in Streit. Na gut, wir haben uns im Wald angeschrien (war ja auch keiner da außer uns). Victor kannte Kommissar Hunter nicht. Er lese mit fast 40 Jahren keine Comics mehr. Ich lese auch keine Comics mehr, aber das gehört doch wohl zur Allgemeinbildung. Jeder aus unserer Generation kennt Kommissar Hunter. Oder die Panzerknacker, Tante Klarabella, Daniel Düsentrieb, die Nebenfiguren des disneyschen Universums, das sind doch alles Klassiker. Also wirklich, wie kann man Kommissar Hunter nicht kennen! Ich verzweifelte später an Jürgen Sparwasser. Welcher bekannte deutsche Spieler hat denn bei der WM 1974 gespielt und ist nicht Weltmeister geworden. Na eben!
Der Weg wurde übrigens immer netter. Wir gingen durch stockdunkle Fichtenwälder und landeten schließlich im Karlstal, das wohl zu einer anderen Jahreszeit besser besucht ist, was zumindest die vielen Bänke am Wegesrand vermuten ließen. Im Reiseführer hieß es, das Karlstal wäre das schöns-

te im Pfälzer Wald. Vermutlich stimmt das, denn selbst bei diesem Schmuddelwetter war das enge Tal, mit vielen Felsen und einem dahinplätschernden und teilweise zugefrorenen Bach, der absolute landschaftliche Höhepunkt unserer zweitägigen Wanderung.

Unsere Laune stieg mit jedem Kilometer, es hatte inzwischen aufgehört zu regnen, und um kurz nach fünf kamen wir im Naturfreundehaus Finsterbrunnertal an. Hinter der uns schon aus Elmstein bekannten naturfreundehaustypischen Theke putzte eine blond mit roten Strähnchen gefärbte Jugendliche eine Wurstschneidemaschine. Erst ignorierte sie uns, und als wir nachfragten, wies sie mit einem Schulterzucken auf einen Mann, der im Hintergrund telefonierte. Wir sagten laut Guten Abend, und der Mann unterbrach sein Gespräch. »Was Besonderes, nicht übernachten oder so?« – »Äh, eigentlich doch.« – »Seid ihr angemeldet?« – »Nein.« – »Ich schaue mal, was sich machen lässt, einen Moment.« Der freundliche Herr beendete das Telefonat und gab uns unseren Zimmerschlüssel. »Erster Stock, die Treppe hinauf.« Dort bezogen wir ein Zimmer mit zwei Etagenbetten, die Duschen befanden sich ein Stockwerk höher, das WC auf dem Gang gegenüber. Ich zog meine Schuhe aus, und lange betrachtete ich, was von meiner Ferse übrig geblieben war. Es sah aus wie eine Mischung aus Lepra und roher Ochsenkeule. Zwei Socken und die Schuheinlage waren durchgeblutet, die Haut hing in Fetzen herunter. »Mach ein Pflaster drauf«, schlug Victor vor. Toller Tipp, und wo hätte ich die Klebeseiten befestigen sollen? Auf dem rohen Fleisch? Für den Rest des Abends trug ich nur noch Socken, auch als wir hinunter in den Schankraum gingen. Dort trieb man uns zur Eile an. »Küche schließt um 18 Uhr!« Während es an anderen Orten erst ab 18 Uhr das Abendessen gibt, war im Finsterbrunnertal dann schon Schluss. Ich bestellte mir ein paar Koschere für sagenhafte 2,50 Euro. Koschere heißen in der Pfalz reine Rindswürste. Aber Victor ließ es richtig krachen, und der Naturfreundeteller für 6,30 Euro hatte es in sich: eine Riesenbratwurst, ein Leberknödel (eine Art wabbelige Riesenfrikadelle) und eine dicke Scheibe Saumagen (das ist nicht wirklich der Magen von der Sau, sondern eine Art Fleischkäse im Schweinedarm mit Kartoffelstückchen dazwischen), dazu Sauerkraut. Dieser Teller war eine von Victors berühmten Mutproben. Normalerweise isst Victor (wie auch ich) kein Schweinefleisch, aber das hatte ihn doch zu sehr gereizt. Von dem fettigen Naturfreundeteller sollte sich Victor auch drei Tage später noch nicht erholt haben.

Am nächsten Morgen beglichen wir unsere Rechnung: 16,60 Euro für eine Übernachtung inklusive eines wirklich tollen Frühstücksbuffets war ein Preis, der in Deutschland

Nur eine Ortsdurchfahrt, kein Kommentar zum Pfälzer Wald

2006 schwerlich zu toppen war. Wir mussten noch eine Stunde zum Bahnhof in Schopp wandern (Achtung, der alte Haltepunkt Karlstal existiert nicht mehr). Da wir die Wege wegen der Glätte mehr entlangrutschten als -gingen, erreichten wir nur äußerst knapp im Laufschritt unseren Zug Richtung Kaiserslautern.

Wer den Saumagen liebt und die Wälder, den Saumagen-Kräuterlikör und die Wälder, der ist im Pfälzer Wald genau richtig. Das ist es, was ich über den Pfälzer Wald schreiben kann, und auch Victor war am Ende mit diesem Mittelgebirge versöhnt, schließlich waren die Naturfreundehäuser eine richtige Entdeckung. Er sollte vielleicht allzu gewagte kulinarische Mutproben unterlassen. Und: Wir konnten unbehelligt von Schergen des Kapitals durch die pfälzischen Wälder streifen. Das war ja nicht immer so gewesen. Und so schmetterten wir ein »Berg frei!« in den kühlen Januar-Himmel. Die Internationale kämpft für das Wanderrecht!

An meiner Wanderwunde an der rechten Ferse habe ich dann noch drei Wochen mit Jodverbänden laboriert, bis endlich alles verkrustet war. Eine knotige Narbe wird mich immer an meine Wanderung im Pfälzer Wald erinnern.

Aufführungslänge
44 Kilometer an zwei Tagen (19 + 25)
Aufführungsdauer
sehr, sehr lang
Programmheft
»Wander- und Radtourenkarte Naturpark Pfälzerwald«,
1:50.000, von Kompass (die schlechteste Wanderkarte,
die ich je in meinen Händen gehalten habe); empfehlenswerter
sind die 1:25.000er Karten des Landesvermessungsamtes
Rheinland-Pfalz. Für die beschriebene Tour braucht man drei
Karten: Enkenbach-Alsenborn/Hochspeyer, Lambrecht (Pfalz),
Elmstein und Kaiserslautern-Süd.

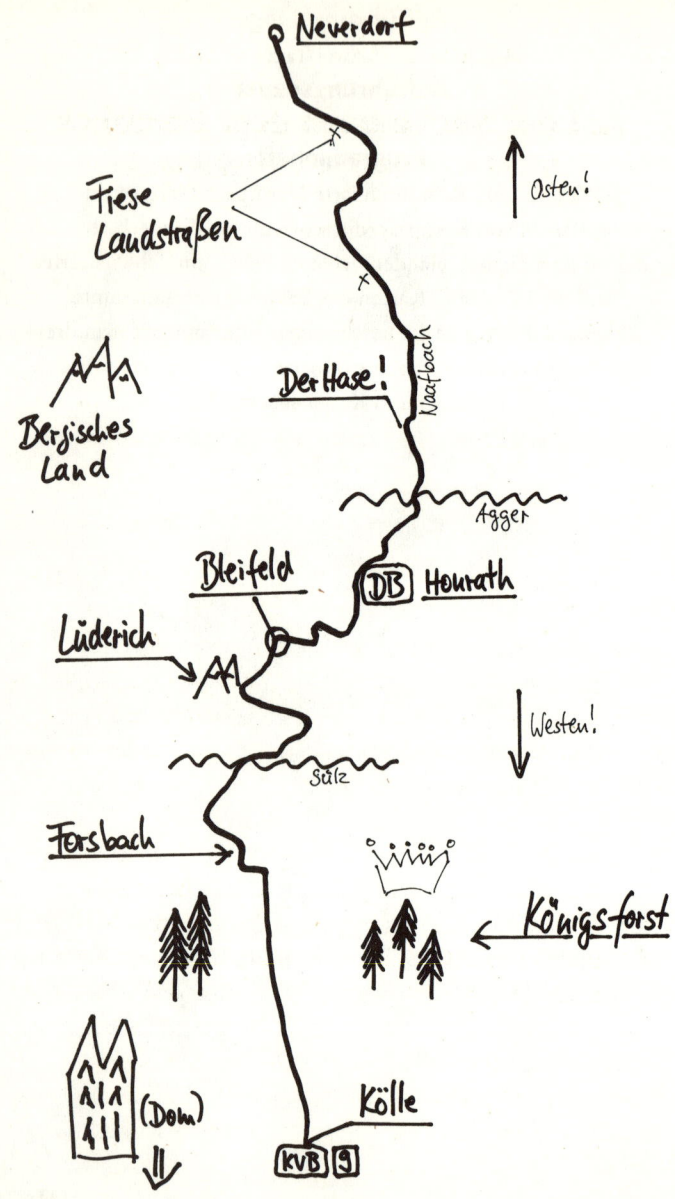

Neverdorf

Fiese Landstraßen

↑ Osten!

Bergisches Land

Der Hase!

Naafbach

Agger

Bleifeld

DB Honrath

Lüderich

↓ Westen!

Sülz

Forsbach

Königsforst

(Dom)

Kölle

KVB 9

Auf der Suche nach dem Domblick

EIN TRAGIKOMISCHES KAMMERSPIEL

Personen

Die Mutter des Autors

Der Autor

Der Autor als Kind

Viele Vögel und ein Feldhase

Schauplatz ist Kurköln und das Bergische Land,
die Zeit Februar 2006.

»Ich mööch zo Foß noh Kölle jonn.« Was habe ich mich
schon geärgert, dass ich in Köln wohne und dort gar nicht
hingehen kann – wie es sich Willi Ostermann in seinem Lied
wünscht. Es befällt einen echten Kölschen wirklich eine Art
Rührung, wenn er, aus der Ferne sich seiner Stadt nähernd,
endlich wieder den Dom erblickt.

Ein perfekter Zo-Foß-noh-Kölle-jonn-Weg ist der Kurkölner Weg, ein Wanderweg des Sauerländischen Gebirgsver-
eins. Dieser Weg führt über 153 Kilometer von Meschede
im Sauerland über Olpe bis an den Stadtrand von Köln zur
Endhaltestelle der Straßenbahnlinie 9 am Königsforst. Und
wenn ich wenig Zeit für größere Touren habe oder eine
weite Anreise scheue, wandere ich gern in der Nähe.
Ich erspare mir an dieser Stelle besser den Kalauer, dass die
Wanderung auf dem Kurkölner Weg einem Kuraufenthalt

entspricht. Der Name Kurköln bezieht sich auf den Kurfürsten, der das entsprechende Gebiet im kleinstaatlich organisierten Deutschland des 17. und 18. Jahrhunderts beherrschte. Das kurkölnische Kerngebiet erstreckte sich auf der linken Rheinseite von Krefeld im Norden bis hinunter zur Ahr. Der Chef von Kurköln bzw. dem Kurfürstentum Köln war der Kölner Kurfürst, klar. Stellen Sie sich aber bitte den Kölner Kurfürsten nicht als feschen Adligen mit gigantisch großem Schloß vor. Der Titel des Kölner Kurfürsten war sozusagen der Nebenjob des Erzbischofs von Köln und beinhaltete das Privileg, mit sechs anderen geistlichen und weltlichen Kollegen den deutschen König zu wählen – zu küren. Schluss mit dem Kuren und Küren war erst 1803, als der Reichsdeputationshauptschluss (dieses Bandwurmwort war immer mein Lieblingsgeschichtsunterrichtswort gewesen) erlassen wurde.

Zu Kurköln gehörte auch das Herzogtum Westfalen. Und der Kurkölner Weg verbindet eben dieses Herzogtum mit dem Gebiet von Kurköln – denn dazwischen lag das rechtsrheinische Herzogtum Berg. Es ist ein weit verbreiteter Irrtum, das Bergische Land hieße Bergisches Land, weil es dort etwas hügeliger wird. Der Name leitet sich vom Herzogtum ab.

Der Kurkölner Weg bildet also einen Transit durch feindliches Gebiet, er ist der Korridor zwischen Stammland und Anhängsel.

Ich war früh am Morgen mit dem Zug und dem Bus ins Bergische Land in die Nähe von Much gefahren. Meine Mutter begleitete mich. Sie ist mit ihren fast 70 Jahren eine große Frischluftfanatikerin. An Wochenenden und in den Urlauben wird die Umgebung zu Fuß oder mit dem Fahrrad erkundet. Und während der Woche ist sie immer unterwegs, wenn es ihre Zeit erlaubt. Häufig geht sie morgens ab 5.30 Uhr einen Rundweg durch den Kölner Vorort, in dem sie mit meinem Vater wohnt. Warum so früh? Sie möchte möglichst wieder zuhause sein, bevor die Hundebesitzer ihre morgendliche Gassi-Tour machen.

Der Bus mit der Nummer 575 hielt in Neverdorf (ein kleiner Sprengel in Neverland). Direkt an der Bushaltestelle kreuzt der Kurkölner Weg mit dem Kürzel X22 die Straße. Wir mussten nicht umständlich nach dem Weg suchen, sondern konnten sofort loswandern. Das gefiel mir, vor allem, da der X22 kein Hochglanzweg moderner Prägung ist und ich mich schon auf eher ungenügende Markierungen eingestellt hatte. Um es gleich zu sagen, der Sauerländische Gebirgsverein hatte den Weg vorbildlich gekennzeichnet, und wir hätten gut auf die Wanderkarte verzichten können.

Nach dem ersten Kilometer erreichten wir das Naafbachtal. Der Naafbach schlängelt sich durch ein breites Tal mit Wiesen und Weiden. Bis vor einigen Monaten hatte ich noch nie davon gehört. Dann sprach ich mit Kölner Wanderfreunden, die mir von dem unberührten Tal geheimnisvoll zuraunten. Als ich später ins Internet schaute, stellte ich fest, dass um das Tal jahrzehntelang gekämpft wurde. Viele Bäche im Bergischen Land sind gestaut worden, um genügend Wasser für die Großstadt bereitzustellen. 1973 hatten die Kölner den Plan gefasst, das Tal volllaufen zu lassen. Dagegen hat sich 1982 eine BI (Abkürzung für Bürgerinitiative, früher nannten wir das »'ne Bürgerinni«) »Naafbachtal« gegründet, die noch heute gegen die Überflutung kämpft, obwohl es mittlerweile nicht mehr danach aussieht. Auf der Internetseite des BUND las ich: »Wir möchten ausdrücklich betonen, dass das Naafbachtal gemäß § 48 LG NRW als Naturschutzgebiet eingetragen ist und unter

Natura 2000-Nr. De-5109-301 als FFH-Gebiet an die EU gemeldet wurde. Wir vertreten deshalb die Ansicht, dass auch bei erhaltenden Maßnahmen wie bei einer Wegsanierung oder Instandsetzung eine FFH-Verträglichkeitsprüfung durchzuführen ist.« Naturschutz ist hier knüppelharte Bürokratenarbeit, schließlich gilt es zu verhindern, dass breitere Wege angelegt werden.

Das Naafbachtal ist wirklich größtenteils naturbelassen, aber man muss wissen, dass man die Zivilisation immer spürt und sieht. Man sollte auf dieser Strecke schon Spaß an vielen Ortsdurchquerungen haben. Dort kann man dann beobachten, welche faszinierenden Möglichkeiten es gibt, Hausnummern, Briefkästen und Vorgartenlaternen in absolut geschmackssicheren Farben und Formen an Häuserfassaden anzubringen. Man muss außerdem auch vielbefahrene Landstraßen überqueren oder an ihnen ein Stück entlanggehen. Als Faustregel für Wanderungen durch Pendlergegenden wie das Bergische Land gilt: Eine halbe Stunde kann man ungestört laufen, dann kommt das nächste Stück Zivilisation.

In den schönen halben Stunden sichtete meine Mutter einen Graureiher und hatte auch einen Sperber gehört. Ich hätte den Sperber noch nicht mal erkannt, wenn ich ihn gesehen hätte, aber meine Mutter identifizierte ihn anhand seines Kreischens. Später gerieten wir in einen Schwarm Krähen. Und dann zeigte mir meine Mutter ganz aufgeregt einen Kleiber. »Kleiber? Nie gehört.« – »Aber das ist doch der Vogel des Jahres 2006.« – »Ach, echt? Wahnsinn!« – »Sein Markenzeichen ist es, sich senkrecht an Baumstämmen hinunterzustürzen.« An dem Baum, auf den meine Mutter zeigte, konnte ich Zweige, aber keinen Vogel des Jahres erkennen. Mir war vollkommen neu, dass meine Mutter eine

professionelle Ornithologin ist. Nur während einer mehr-
stündigen Wanderung gelingt es, solch neue Facetten an den
eigenen Eltern zu entdecken, die man so gut zu kennen
glaubt.

Nach dem Naafbachtal Nr. De-5109-301 durchquerten wir
das kleine Dorf Kern und gingen dann zum Fluss Agger.
Jetzt erspähte ich mein erstes Tier. Es war noch weit ent-
fernt, und ich konnte nicht erkennen, ob es sich um ein Reh
oder einen freilaufenden Hund handelte. Also bat ich meine
Mutter, stehenzubleiben und sich nicht zu bewegen. Als das
Tier sich uns bis auf zehn Meter genähert hatte, standen wir
Aug in Aug mit einem Feldhasen. Ein ganz schön großer
Feldhase mit riesigen Läufen (Beinen) und gigantischen
Löffeln (Ohren). Er hoppelte verträumt den Weg bergan
und war anscheinend in Hasengedanken versunken. Erst
drei Meter vor uns blieb er stehen, dachte wieder kurz nach
und raste zehn Sekunden später in einem Affenzahn (ein
Hasenzahn ist ja etwas anderes) den Weg zurück. Dieser alte
Hasenfuß!
   Eine kleine Brücke führte über die Agger, und wir folgten
dem Weg zum nächsten Bergrücken. Wir durchwanderten
Honrath und kreuzten die Oberbergische Bahn von Köln
nach Gummersbach am dortigen Bahnhof. Von hier aus
hätte man ebenfalls starten können, dann sind es bis Köln
noch 17 Kilometer. Bis Durbusch ging es bergan, aber
danach trennten uns nur noch das Tal der Sülz und der
Königsforst von der Kölner Bucht. Wir konnten bis zu den
rauchenden Chemiefabriken von Wesseling zwischen Köln
und Bonn sehen, aber der Blick auf Köln war uns durch
Bäume und eine kleine Erhebung verwehrt.
   Hinter Bleifeld machten wir zum ersten Mal Rast. Erst im
Sitzen bemerkten wir, wie kalt es eigentlich war. Meine

Es geht nichts über eine gepflegte Wanderpause mit Rucksackverpflegung.

Rucksackverpflegung bestand aus einer Portion Knoblauch-
spaghetti in Öl. Leider war durch die Kälte das Öl fast gefroren. Dieser Fettklumpen hatte sich als Bodensatz in der
Plastikschale abgelagert, aus der ich aß. Sehr appetitlich war
das nicht.

Da meine Mutter ein eher rastloser Typ ist, gingen wir
bereits nach zehn Minuten weiter. So erreichten wir zügig
den Lüderich. Schon kurz nach dem Zweiten Weltkrieg
hatte meine Mutter hierher Schulausflüge gemacht. Dabei
ist der Lüderich nur eine kleine Erhebung mit vielen Bäumen. Eigentlich hat dieser Berg nichts Ausflugsmäßiges oder
halbwegs Spektakuläres. Es müssen bescheidene Zeiten
gewesen sein. Und den in der Karte verzeichneten Rundum-
ausblick fanden wir auch nicht.

Symbole auf Wanderkarten und ihre Bedeutung

180-gradige Halbaussicht

360-gradige Vollaussicht
(falls nicht von Bäumen verstellt)

Trimmpfad (wenn nicht inzwischen
demontiert oder verfallen)

Grillhütte (Achtung: Würstchen selber mitbringen)

 Hallenbad (Vorsicht, ich habe schon erlebt, dass es sich dann um ein Hotel-Hallenbad in der Größe einer besseren Badewanne handelte.)

 Kneipe (wenn nicht geschlossen)

 Bahnhof (wenn nicht stillgelegt)

 Kinderspielplatz (wenn die Geräte nicht vermodert und rostzerfressen sind)

Wieder kein Blick nach Köln. Kein Blick zum Dom. Was dazu wohl die UNESCO sagt? Schließlich hatte sie zunächst den Kölner Dom zum Weltkulturerbe erklärt und dann mit dem Entzug dieses Ehrentitels gedroht, sollte ein Hochhausprojekt auf der anderen Rheinseite realisiert werden, das den freien Blick auf den Dom nicht mehr ermöglicht hätte. Und nun kein Blick vom Lüderich! Mussten jetzt alle Wälder auf diesem Berg gerodet werden? Meiner Meinung nach könnte hier ein Touristenziel erster Güte entstehen, wenn man es nur richtig anpacken würde. Asphaltierte Anfahrtsstraßen, einen Aussichtsturm mit Restaurant, einen Andenkenladen und ein Spaßbad sah ich vor meinem geistigen Auge entstehen. Dazu ein griffiger Name wie »Domblick«. Oder am besten benannte man den Lüderich gleich komplett um. So toll war »Lüderich« als Bergname ja nun nicht. Der Freiburger Hausberg heißt zum Beispiel Schauinsland, da bietet sich für den Lüderich doch »Guckdendom« oder »Schaunachköln« an. In seiner derzeitigen Verfassung ist der Lüderich eher ein Berg von trauriger Gestalt.

Vom Lüderich hinunter ins Sülztal ist es ein Kilometer, und die Ortsdurchquerung von Hoffnungsthal zog sich etwas. Dann wanderten wir hinein in den Königsforst. Und spätestens ab Forsbach war der Kurkölner Weg für mich ein Heimspiel. Ich konnte die heimatliche Stadt förmlich riechen: Ich jing zo Foß noh Kölle. In meiner Kindheit war ich hier fast jedes Wochenende gewandert. Dabei muss ich ein etwas verhaltensgestörtes Kind gewesen sein. Ich warf mich nicht schreiend auf den Boden, wenn ein Spaziergang oder eine Wanderung angekündigt wurde. Nein, ich bin als Kind gerne gewandert! Wenn es mir langweilig wurde, habe ich mir einen alternativen Weg parallel zum Hauptweg gesucht, auf dem man durchs Unterholz stapfen konnte. Oder ich habe mir neue Abenteuer mit meinem besten Freund Lurchi ausgedacht. Lurchi, der Salamander-Held des gleichnamigen Schuhgeschäfts, war mein imaginierter bester Freund, der mit mir durch dick und dünn ging. Wie gesagt, ich war etwas sonderlich.

Kurz nach 16 Uhr kamen wir an unserem Ziel, der Straßenbahnendhaltestelle der Linie 9, an. Ich hatte an diesem Tag einiges erfahren, über das Bergische Land, meine Mutter und mich selbst. Aber auch, dass die Gegend um Bleifeld ein Bergbaugebiet war oder dass im Aggertal das Standesamt neben einem Ausflugshotel angesiedelt ist. Ich hatte gesehen, dass Witzbolde beim Ortsschild von Jexmühle bei Honrath das »J« durch ein »S« ersetzt hatten.

Um ehrlich zu sein: Wahrscheinlich werde ich den Kurkölner Weg nicht noch einmal gehen. Habe ich jetzt schon hinter mir. Er gehört zur Kategorie der Einwegwanderwege. Es gab nicht genug Highlights, die eine nochmalige Erwanderung rechtfertigen würden. Aber ich habe schon andere Wege im Auge, die ich in Zukunft in Richtung Köln wandern werde, um dann beim Anblick des Doms in haltloses, sentimentales Schluchzen auszubrechen.

In dieser Beziehung vorbildlich ist das Projekt des Kölner Eifelvereins, der Kölnpfad. Dieser Rundweg soll in einer Schleife von 155 Kilometern rund um die Stadt führen. Toll: Man verliert den Dom (schnäuz!) quasi nie aus den Augen. Ich habe mich für den Job einer der vielen Wegewarte gemeldet. Dann ist endlich Schluss mit meiner Meckerei über mangelhaft markierte Wanderwege, dann habe ich es selbst in der Hand. Auf einem kleinen, circa zehn Kilometer langen Teilstück werde ich als Wegepate die Aufgabe haben, Markierungen anzubringen. Ich werde jeden Baum, Strauch und jede Häuserecke mit dem Zeichen, dem schwarzen Dom auf rot-weißem Grund, vollpflastern. Dann muss ich natürlich auch zweimal im Jahr kontrollieren, ob alle Markierungen noch existieren. Herrlich, endlich ein ehrenamtlicher Job im Dienste der heimischen Wanderkultur!

Aufführungslänge

29 Kilometer

Aufführungsdauer

7 Stunden und 19 Minuten mit einer 10-minütigen Pause

Programmheft

Naturpark Bergisches Land, 1:50.000

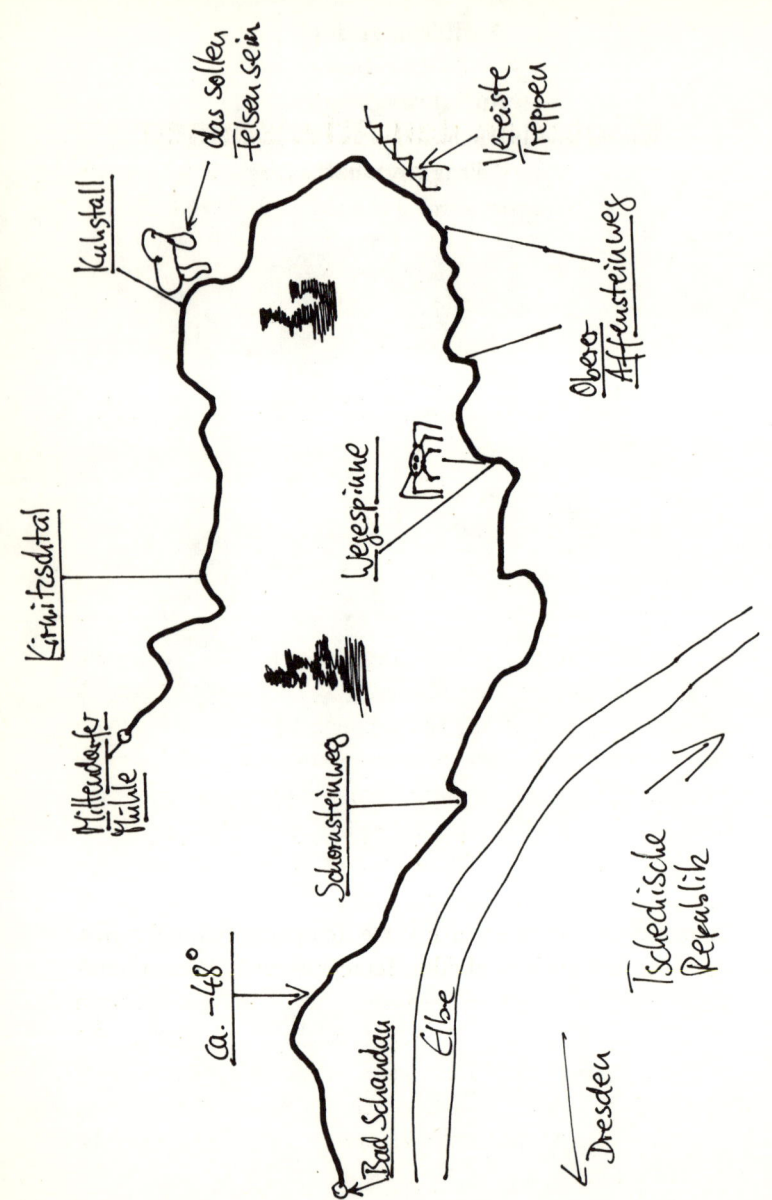

Sächsische Schweiz

Winter an den Affensteinen

EIN DRAMA IN EINEM AKT

Personen
Ein fröstelndes Mädchen
Ihr Begleiter
Zwei Wanderer mit Orangen
Böhmische Raubritter

Schauplatz ist Sachsen,
die Zeit März 2005.

Ich hatte mir das so schön vorgestellt: Am Sonntag, dem 6. März, musste ich beruflich nach Dresden, und wenn ich schon mal da war, wollte ich die Gelegenheit nutzen, um am Tag zuvor in der Sächsischen Schweiz zu wandern. Es sollte meine erste Frühlingswanderung in diesem Jahr werden. Ich weiß, kalendarisch beginnt der Frühling am 21., aber Meteorologen gilt der 1. März als Stichtag. Vom »meteorologischen Frühlingsanfang« zu sprechen zeugt von coolem Kennertum. So wie es auch keine Temperaturen mehr gibt, sondern nur noch »gefühlte Temperaturen«. Wetterkundlich fangen alle Jahreszeiten am 1. an: Der Sommer am 1. Juni, der Herbst am 1. September und der Winter am 1. Dezember. Der 5. März wäre meteorologisch also ganz klar ein Frühlingstag, wenn auch ein sehr früher. Punkt, aus, basta. Am 5. März 2005, als ich durch die Sächsische

Schweiz wanderte, war tiefster Winter. Das Flugzeug konnte erst nach einer viertelstündigen Enteisung in Köln abheben. Und in Dresden war es noch kälter. Um genau zu sein: acht Grad unter Null. Und gefühlt minus 18 Grad. Eine absolute und gefühlte Scheißkälte.

Wenn man eine Hitliste der Wanderjahreszeiten aufstellen müsste, stände der Herbst ohne Zweifel ganz oben. Licht und Farben sind herrlich, die Temperaturen liegen zwischen zehn und 20 Grad, und wenn man Glück hat, regnet es nicht so viel wie in einem durchschnittlichen deutschen Sommer. Der Preis für den obersten Wanderjahreszeit-Hitparaden-platz ist hoch: Die Wanderwege sind überfüllt, selten dass man auf wenige Wanderer trifft, und wenn, ist der Weg oft Mist.

Auf dem zweiten Platz liegt der Frühling. Es gibt wie im Herbst angenehm mäßige Temperaturen, die ideal zum Wandern sind; manchmal geht es im Mai schon mal auf vorsommerliche 25 Grad hinauf. Dass die Natur erwacht, alles langsam grün wird und zu blühen anfängt – geschenkt.

Der Sommer schafft es nur auf einen undankbaren Bronzemedaillenplatz. Vielen ist es zum Wandern zu heiß, und sie liegen lieber am Strand. Für mich ist bei schwüler Hitze ein Mittelgebirgswald der angenehmste Ort auf der Welt. Durch die Höhenlage ist die Luft frisch und kühl und nicht stickig wie in den Städten.

Weit abgeschlagen auf dieser Liste liegt der Winter. Es ist kalt, die Wege sind vereist oder verschneit, die Bäume sind kahl. Aber kann man drei bis vier Monate auf sein liebstes Hobby verzichten? Es gibt Hobbyrennradfahrer, die die Rennsaison im Oktober beenden und erst wieder im April auf das Fahrrad steigen. Es gibt Motorradfreunde, die ihr Gefährt in den Wintermonaten abmelden und in der Garage einmotten. Aber es gibt eben auch die Hartgesottenen: die Junkies. Die können nicht einfach monatelang aus dem Fenster schauen und die Hände in den Schoß legen. Und auch ich gestehe: Ich bin Wanderjunkie. Wenn ich Zeit zum Wandern habe, dann wandere ich, auch im Winter. Es ist nicht meine Lieblingswanderzeit, aber sie hat auch ihre Vorzüge: Man kann meist viel weiter ins Land schauen, die kahlen Bäume und Sträucher geben Blicke frei, die im Sommer zugewachsen sind. Wer noch nie dem Charme einer verschneiten Winterlandschaft erlegen ist, der hat ein Herz aus Stein.

Daher war es auch an diesem bitterkalten 5. März, einem gefühlten Wintertag, keine Frage: Ich würde wandern.

Die Erkenntnis ist nicht neu: Im Winter hängt alles von der richtigen Ausrüstung ab. Ästhetisch sind lange Unterhosen bedenklich. Wenn ich mich damit im Spiegel sehe, muss ich immer an einen Westernhelden denken, der, aus dem Schlaf aufgeschreckt, mit der Winchester am Saloon-Fenster für die Ehre seiner Stadt und seiner Familie in langen Unterhosen kämpft. Aber praktisch sind lange Unterhosen im Winter unumgänglich. In den Würgegriff eines Schals begebe ich mich ungern. Dafür ziehe ich gegen die Halseskälte einen Fleece-Pullover mit hohem Kragen an – der tut es meist auch. Dazu Mütze, Jacke, festes Schuhwerk – alles Selbstverständlichkeiten. Außerdem warme Handschuhe und dicke Socken. Wie der Volksmund sagt: Füße warm, Doktor arm. Und für den Fall, dass die Sonne scheint, sollte man eine Sonnenbrille dabeihaben. Die starke Lichteinstrahlung führt manchmal sogar zu Spontanerblindung.

Am mollig warmen Schreibtisch lassen sich die richtigen Tipps für Kleidung und Ausrüstung leicht geben. Man könnte also den Eindruck gewinnen, Mensch, der Andrack, der hat es drauf, der weiß, wie man eine Winterwanderung angeht. Als ich aber den Affensteinweg in der Sächsischen Schweiz ging, hätte ich doch besser eine Skihose statt der Jeans angezogen. Immer wieder versank ich im Tiefschnee. Vielleicht wären Handschuhe aus wasserundurchlässigem Material besser gewesen als meine aus Wolle. Nicht weil ich so viele Schneeballschlachten mit mir selbst auf der Wanderung gemacht hätte, sondern weil man sich beim Klettern an steileren Stellen doch hier und da mit den Händen abstützen muss. Die Handschuhe wurden erst klamm und dann nass. Und meine Sonnenbrille hatte ich auch vergessen.

Auch wenn mich der Winter nicht vom Wandern abhalten kann, so bin ich letztlich doch kein Wintertyp. Ich bin nie im Skiurlaub gewesen oder im Hochgebirge gewandert, noch besitze ich eine winterfeste Ausrüstung, und genau das hätte mir auf dieser Wanderung zum Verhängnis werden können. Denn ich kann ohne Übertreibung sagen, dass das die riskanteste Wanderung war, die ich jemals unternommen habe.

Ich wollte das Hinterland erkunden. Zur Elbe hin bilden Bastei und Schrammsteine eine phantastische Kulisse und sind eben nicht nur eine dieser potemkinschen Landschafts-Skylines wie zum Beispiel das Rheintal. Dort ist das Panorama vom Fluss aus gesehen überwältigend, und auch der Höhenweg ist grandios. Aber dahinter? Da wird es doch sehr wiesenfeldertaunushunsrückesk. Anders an der Elbe. Von Einheimischen hatte ich den Tipp bekommen, auch einmal landeinwärts zu wandern.

Ich startete hoch über dem Fluss am Rand des Elbsandsteingebirges in der Nähe des Kurorts Bad Schandau (übrigens, nicht irritieren lassen: Die Sächsische Schweiz und das

Elbsandsteingebirge sind ein und dasselbe. Das ist wie in einem Roman von Dostojewski, in dem eine Person Karamasow, Alexej Fjodorowitsch, Alexejtschik, Aljoscha, Aljoschenka, Aljoschka, Ljoscha und Ljoschetschka heißt). Auf den ersten zwei Kilometern meiner Wanderung musste ich über ein offenes Feld gehen. In der Ferne sah man zwar die Elbsandsteinfelsen, aber für irgendwelche Naturschönheiten war in meinem von einem unbarmherzigen Ostwind umwehten Kopf kein Platz. Die Kälte trieb mir die Tränen in die Augen, die Ohren schmerzten. Was für ein Irrsinn, hier oben herumzulaufen, kurz vor Sibirien, mit einer einfachen Wollmütze, durch die der Wind pfiff. Ich wünschte mir eine riesige russische Fellmütze. Hatte ich schon erwähnt, dass es gefühlte minus 28 Grad waren? Sollte ich die Wanderung schon nach den ersten Metern aufgeben müssen? Als ich den Wald unterhalb der Schrammsteinaussicht erreichte, schützten die Bäume und Felsen vor dem eisigen Wind, und ich schöpfte neuen Mut. Jetzt ging es bergan, und mir wurde warm.

Um mich herum war alles erstarrt, leblos. Riesige, zwei bis drei Meter große Eiszapfen hingen links und rechts des Weges herab. Aber nicht nur die Größe war beeindruckend, sondern vor allem die Farbe. War das Wasser besonders eisenhaltig, oder gab es einen verborgenen Zusammenhang zwischen den Bächen hier und der ostsächsischen Kanalisation? Die Eiszapfen funkelten uringelb-kupfern, eine Farbe, wie ich sie zuletzt an lange nicht mehr gesäuberten Pissoirs in zweifelhaften Kaschemmen gesehen hatte.

Zunächst führte der Weg noch gut zwei Kilometer an den Schrammsteinen entlang. Man läuft parallel zur Elbe Richtung tschechische Grenze. Die Strecke ist dort gut ausgebaut, und ich kam entsprechend gut voran. Das änderte sich, als ich abbog und es auf einem Pfad steil bergan ging.

Der Aufstieg trägt den bezeichnenden Namen Schornstein-weg, denn es wird so eng, als würde man durch einen Kamin klettern. Ich kam mir vor wie Sisyphos. Unbeholfen versuchte ich, die Höhe zu erreichen, doch immer wieder verlor ich den Halt oder rutschte eine Schrittlänge zurück. Auf halbem Weg nach oben fing ich derart an zu schwitzen, dass meine Brille beschlug und ich überhaupt nichts mehr sehen konnte. Ich zog also die Brille aus, und meine Be-mühungen, auf die Höhe zu kommen, wurden noch unge-schickter. Das war kein Wandern mehr, das war Krabbeln, Rutschen, Fluchen.

Nachdem ich gesund oben am Grat angekommen war, erholte ich mich auf einem längeren Höhenweg mitten durch die Felslandschaft. Geologisch gesehen, besteht das Elbsandsteingebirge aus einem ungefähr zwanzig mal zwan-zig Kilometer großen Sandsteinblock. Da der Sandstein so weich ist, wurden in den letzten Jahrmillionen durch Regen Täler und freistehende Felsen herausgespült. Wie ein Bild-hauer, der aus Marmor eine Skulptur formt, hatte die Wit-terung hunderte bizarre Felsformationen entstehen lassen. Der Felsen ist tiefschwarz, was den majestätischen Eindruck noch verstärkt, und ragt teilweise dünn wie ein überdimen-sionaler Finger in den Himmel. Natürlich ist Sandstein eigentlich sandsteinfarben – logisch. Daher erstrahlt die Dresdner Frauenkirche nach dem Wiederaufbau auch in zartem Ocker, wird aber in wenigen Jahren auf Grund der Luftverschmutzung schwarz wie der Kölner Dom oder eben diese Felsen sein. Im Winter haben die dunklen, oft bedroh-lich wirkenden Felsen etwas Niedliches – weil sich der Schnee wie Zuckerguss auf die Spitzen und Kanten legt.

Bisher war ich noch niemandem begegnet, aber jetzt kamen mir ein Junge und ein Mädchen entgegen, und wie im Märchen Sterntaler rieb sich das Mädchen die blaugefrorenen Hände. Doch weder Kneten noch heißer Atem halfen ihr. Auch die Hände an wärmere Körperteile wie Bauch oder Po zu halten führte eher zu einem Kälteschock als zu spürbarer Besserung. Ich grüßte bedauernd, mit meinen nassen Wollhandschuhen war ich nur wenig besser dran.

Kurze Zeit später erreichte ich eine Wegespinne, ein Begriff aus den Wanderführern. An einer Wegespinne treffen im Unterschied zur Kreuzung (vier Wege) und Gabelung (drei Wege) mindestens fünf Wege aufeinander. Es waren an dieser Stelle genau fünf. Meine Karte versagte völlig. Die Markierungen an den Bäumen stimmten nicht mit denen auf der Karte überein. Ich versuchte, mich mit Hilfe des Ausschlussverfahrens zu orientieren. Zurück wollte ich auf keinen Fall. Nach Schmilka an der Elbe und zum Großen Winterberg auch nicht. Diese Wege war ich schon einmal gegangen. Hinunter Richtung Kuhstall kam auch nicht in Frage, den wollte ich mir erst später ansehen. Also blieb nur noch der obere Affensteinweg. An den Fußabdrücken konnte ich erkennen, dass an diesem Tag schon Wanderer hier entlanggegangen waren. Ihnen folgte ich. Manchmal kommt es vor, dass man im Schnee den Pfad nicht identifizieren kann. Das war mir bei einer Wanderung in der Schwäbischen Alb passiert, und ich hatte mich damals schrecklich verlaufen.

Schon längst hatte ich keinen Blick mehr für die Umgebung. Ich versuchte, mich in dem inzwischen 60 Zentimeter tiefen Schnee auf den nächsten Schritt zu konzentrieren. Einmal kam ich aus dem Gleichgewicht, konnte mich aber noch an einem dünnen Bäumchen linker Hand festhalten. Der Schock setzte erst verzögert ein, als ich begriff, dass dieses kleine Bäumchen weit und breit das einzige Bäumchen war, und es neben mir in eine 150 Meter tiefe Schlucht hinabging. Wo bleibt denn da der deutsche Wander-TÜV? Kann ich als Steuerzahler nicht erwarten, dass man hier entweder ein Holzgeländer anbringt oder mal streut und Schnee räumt? Oder am besten der ganze Wanderweg im Winter gesperrt wird? Für den Winterwanderer gibt es keine Vorschriften vergleichbar den Winterreifen bei Autos, es gibt keinen Winterdienst und keinen Winterwarndienst.

Allerdings scheint man sich der Schwierigkeiten auf dem Affensteinweg bewusst zu sein, sonst gäbe es nicht auf jedem Kilometer Kästen mit der Aufschrift »Selbsthilfebox«. Sie sehen aus wie sarggroße Truhen. In ihnen findet man Verbandszeug und vor allem eine Selbstrettungstrage. Ich fragte mich ernsthaft, wie ich mich auf einer solchen Trage selbst retten sollte. Aber trotz der Kälte und der schlechten Witterungsverhältnisse waren auch an diesem Tag erstaunlich viele Wanderer unterwegs. Die hätten mich im Absturzfalle wahrscheinlich gerne zehn Kilometer durch die verschneiten Wälder getragen. Nun gut, vielleicht nicht das Wanderpärchen, das unter einem Felsvorsprung gerade Rast machte. Die schälten in aller Ruhe ihre Orangen. Das sah gemütlich aus, doch die beiden strahlten eine Quatsch-uns-jetzt-bloß-nicht-an-und-wenn-du-abstürzt-sind-wir-nicht-so-blöd-dich-zu-retten-Haltung aus, sodass ich nur knapp grüßte und weiterging. Nach dreieinhalb Stunden Wanderung und ungefähr der Hälfte des Weges hatte ich auch eine Pause nötig. Unter einer weit hervorstehenden Felsenplatte, wo es angenehm trocken war und wo anscheinend weder Mensch noch Tier in jüngster Vergangenheit ihre Notdurft verrichtet hatten, ruhte ich mich ein wenig aus. Nur noch ein schmaler Streifen war von der Landschaft zu sehen. Es wirkte wie ein sehr, sehr alter Cinemascope-Breitwand-Western im Fernsehen: mehr schwarze Streifen als sonst was.

Nach der Rast war es schon 14.30 Uhr, und ich musste weiter, wollte ich bis Sonnenuntergang wieder in Bad Schandau sein. An diesem Abend sollte die Sonne in Dresden um 17.50 Uhr untergehen, während es in Köln erst um 18.18 Uhr zu dämmern begann. Fast eine halbe Stunde Zeitunterschied. Die deutsche Einheitszeit ist eigentlich ein Konstrukt. Erst mit der deutschen Reichsgründung von 1871 war sie eingeführt worden, und später wurde sie zur MEZ (mitteleuropäische Zeit). Vorher gingen – im wörtlichen Sinne – in fast jedem der vielen kleinen Staaten Deutschlands die Uhren anders. Auf jedem Bahnhof musste damals der Reisende seine Uhr umstellen, da es eine rheinische Zeit, eine hessische Zeit, eine badische Zeit usw. gab. Um als überzeugter Europäer zu sprechen: Die Vereinheitlichung der Zeit war für Westeuropa, was über 100 Jahre

Wanderdurchschlupf

später der Euro sein würde – ein Zeichen der Gemeinsamkeit.

Ich lief und lief und lief, als mir plötzlich ein riesiger Felsen den Weg versperrte. Auf einer großen Tafel stand unmissverständlich, dass man sich in Lebensgefahr begeben würde, wenn man versuche, um den Felsen herumzulaufen. Sollte ich jetzt etwa über den Felsen klettern? In anderthalb Meter Höhe sah ich dann das nächste Wanderzeichen. Dort war ein kleines

Schlupfloch. Nun gut. Zuerst warf ich meinen Rucksack durch das Loch, dann wuchtete ich meinen Körper auf einen Felsenvorsprung, um mich dann vorwärtsrobbend durch den Durchschlupf zu zwängen. Achtung, das ist auch im Sommer kein Weg für Wanderer mit Kinderwagen!

Das »Loch vom Affenstein« war aber nur der Anfang. Der Abstieg ins Tal Richtung Kuhstall war so steil, dass er fast durchgehend aus Treppen bestand. Treppen im Mittelgebirge sind die Alternative zu Wanderserpentinen. Gut, auf Treppen geht es im Normalfall schneller. Aber ich würde jederzeit Serpentinen mit ein paar gemütlichen Kehren vorziehen und hätte auch in diesem Moment nichts dagegen gehabt. Die Stufen waren vereist und bildeten eine glatte Fläche, die 45 Grad abfiel. Um die 230 Meter Höhenunterschied zu bewältigen, hatte ich schnell vier Abstiegstechniken entwickelt.

Technik 1 (Die Rodel-Variante)

Auf dem Hinterteil sitzend rutschte ich bis zur nächsten Kurve. Diese Technik hatte den Nachteil, dass sie sehr weh tat und man sein Steißbein spürte, wenn dann doch eine Treppenstufe hervorsprang. Außerdem wird auf diese Art und Weise trotz langer Unterhose der Po sehr kalt. Ich vermied die Rodel-Technik, so gut es ging, aber es gab Stellen, da war sie die einzige Möglichkeit, überhaupt hinunterzukommen.

Technik 2 (Die Himalaya-Variante)

Wenn auf den Stufen genug Schnee lag, versuchte ich, aufrecht abwärtszugelangen. So wie ich das bei hochalpinen Meistern gesehen hatte, ging ich seitwärts. Dabei musste ich meine Wanderschuhe kräftig in den Schnee stoßen, um etwas Halt zu haben.

Technik 3 (Die Geländer-Variante)

Wenn ein Holzgeländer seitlich entlanglief, packte ich es fest unter meinen rechten Arm und ließ mich hinuntergleiten. Diese Technik machte am meisten Spaß, tat aber bald unter den Achseln weh und führte zu einem größeren Loch in meiner Jacke.

Technik 4 (Die Senioren-Variante)

An einigen Stellen gab es unter den Holzstufen und dem Eis einen kleinen Zwischenraum. Dann konnte ich meine Wanderstiefelspitze rückwärts gehend unter die Stufen rammen. Der Nachteil dieser Variante: Sie war sehr sicher, aber ungeheuer zeitaufwändig. Daher wechselte ich zwischen dieser Variante und den schnelleren Techniken wie der Rodel-Technik und der Geländer-Technik ab.

Zum Kuhstall führen breite Forstwege. Wege, die ich normalerweise nicht so mag und auch schon mit Todesverachtung als »Wanderautobahnen« beschrieben habe. Aber als Alternative zu dem hinter mir liegenden Abstieg und dem schmalen Weg an den Affensteinen zuvor war es die pure Erholung und sorgte für erhöhte Glückshormon-Ausschüttung. Stressendorphine hatte ich vorher reichlich, die brauchte ich nicht mehr. Jetzt verspürte ich Wanderer-Glück auf einem ausgesprochen langweiligen Weg.

Der Kuhstall ist ein höhlenartiges Felsgebilde und annähernd so berühmt wie die Bastei oder das böhmische Prebischtor. Angeblich kommt der Name daher, dass böhmische Raubritter hier gestohlene Kühe versteckt hielten. Was sie dann dort mit den Kühen anstellten, weiß ich nicht. Haben sie die Rindviecher weiterverkauft, geschlachtet oder gemolken? Mir war der Zutritt zum Kuhstall jedenfalls verwehrt, weil nur eine vereiste Treppe dort hinaufführte. Und bergan fiel mir überhaupt keine Fortbewegungstechnik mehr ein, außer einer Halsbrech-Variante.

Unweit des Kuhstalls erreichte ich das Kirnitzschtal, wo ich an der Lichtenhainer Mühle mit dem Lichtenhainer Wasserfall vorbeikam. Der Wasserfall war eingefroren, als habe ihn eine Eishexe binnen eines Sekundenbruchteils zur toten Masse verzaubert.

Dort wartete ich auf die Straßenbahn, die seit 1898 verkehrt und eine reine Wanderstraßenbahn ist. In diesem Tal gibt es nämlich nichts außer ein paar gastronomischen Betrieben und Mühlen. 1898 liefen in anderen deutschen Mittelgebirgen, wie zum Beispiel in der Eifel, nur absolute Exoten und Außenseiter freiwillig durch die Wälder. In der Sächsischen Schweiz schien sich der Bau einer Straßenbahn schon damals gelohnt zu haben, um die Wanderer nach Bad Schandau zu befördern.

Mit 30 Stundenkilometern fuhr ich gemütlich zurück. Wenn man gesund in der Zivilisation angekommen ist, denkt man immer, was soll es, war doch alles ganz schön. Ich weiß aber nicht, ob ich die Sächsische Schweiz als Winterwandergebiet empfehlen kann. Ich überlege kurz – nein, kann ich nicht. Wandern Sie doch bitte im Winter auf breiten Forstwegen durch die Wälder. Von denen gibt es ja nun wirklich reichlich in unseren deutschen Mittelgebirgen, und mit ein bisschen Schnee gewinnen auch die an Attraktivität. Aber die schmalen und auch ohne Schnee und Eis nicht ungefährlichen Pfade im Elbsandsteingebirge sollte man doch eher zu den Jahreszeiten erwandern, die auf dem Treppchen oben stehen: Herbst, Frühling, Sommer.

Aufführungslänge
18 Kilometer
Aufführungsdauer
5 Stunden und 38 Minuten mit einer 20-minütigen Pause
Programmheft
»Rad- und Wanderkarte Nationalpark
Sächsische Schweiz«, 1:30.000

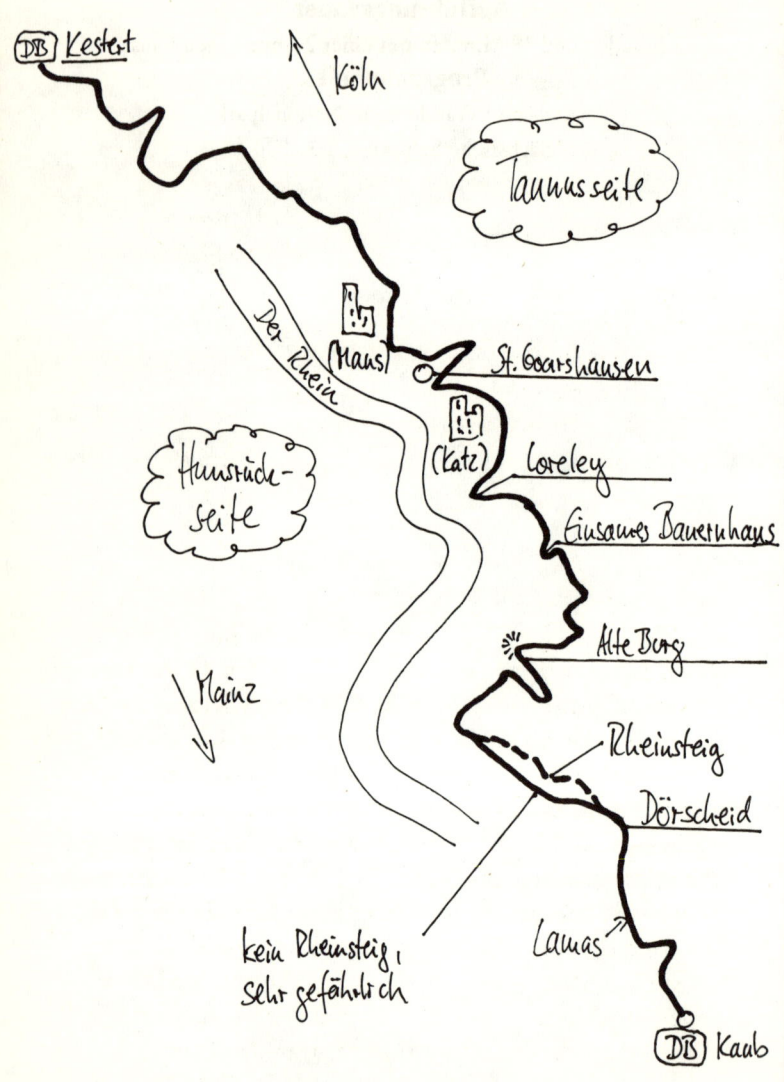

DB Kestert

Köln

Taunusseite

Der Rhein

(Maus)

St. Goarshausen

(Katz)

Loreley

Einsames Bauernhaus

Hunsrück-seite

Alte Burg

Rheinsteig

Mainz

Dörscheid

kein Rheinsteig, sehr gefährlich

Lamas

DB Kaub

Der Rhein

EIN LUSTSPIEL MIT CHÖREN

Personen

Markus	Mein bester Freund und Deutschlehrer
Jane	Eine englische Sketch-Malerin des 19. Jahrhunderts

Zwei Wanderer mit
blöden Hüten
Eine gepiercte Loreley

*Schauplatz ist der Rhein zwischen Kaub und Kester,
die Zeit Oktober 2005.*

10 Minuten, 20 Minuten, 25 Minuten, 30 Minuten, 40 Minuten. Die Ansagestimme auf dem Koblenzer Hauptbahnhof und die Anzeigetafel auf Gleis 109 wetteiferten miteinander, wer die längere Verspätungszeit der Regionalbahn Richtung Wiesbaden verkünden durfte. Wegen eines »Personenschadens in Höhe von Niederlahnstein« hatte der Zug schließlich 50 Minuten Verspätung. Zunächst ist man ja immer ein bisschen geschockt, dass an den Gleisen jemand zu Schaden gekommen ist. Wenn man dann aber fast eine Stunde in der Kälte wartet, fallen einem blitzschnell andere Selbstmordarten im häuslichen Umfeld ein: aufhängen, Tabletten schlucken, Pulsadern aufschneiden, sich erschießen, aus dem Fenster stürzen. Mit ein wenig gutem Willen

könnte doch jeder Selbstmordwillige sein Vorhaben umsetzen, ohne Wanderer bei der Anfahrt mit der Deutschen Bahn zu behindern.

Der Personenschaden war der Beginn einer anderthalbtägigen Tour mit meinem besten Freund Markus, dem Deutschlehrer. 33 Kilometer auf dem Rheinsteig hatten wir uns vorgenommen – von insgesamt 320 Kilometern, die der neue Weg von Bonn bis Wiesbaden umfasst. Der Rheinsteig-Reiseführer schlägt eine Einteilung in 20 Teilstrecken vor, die meiner Ansicht nach teilweise etwas zu kurz geraten sind. Am ersten Tag wollten wir ab Kaub 21 Kilometer über die Loreley bis St. Goarshausen gehen: die Königsetappe des Rheinsteigs. Markus brüstete sich mit einer mehrtägigen Wanderung durch die Alpen im Sommer. »Das ist schon etwas anderes als deine Mittelgebirgswanderei«, spuckte er große Töne. »Wir sind da in sechs Tagen 10.000 Höhenmeter gewandert, das sind Wanderungen, sage ich dir!« Ich schaute direkt in meinem Rheinsteig-Wanderführer nach, wie viele Höhenmeter wir an diesem Tag auf dem Weg zwischen Kaub und St. Goarshauen zurücklegten: 1.385 Meter. Alpine Verhältnisse am Rhein. Ha! Das war respektabel, und es brachte Markus zum Schweigen.

Von Kaub aus ging es dann auch direkt auf die Höhe, und bei gutem Wetter soll man einen hervorragenden Blick auf den Fluss haben. An diesem Tag verschwand alles im Nebel, was aber den hochalpinen Charakter verstärkte: Wir wanderten oberhalb der Wolkengrenze, wobei die Tiere am Wegesrand eher vermuten ließen, dass wir uns irgendwo in den Kordilleren befanden. Waschechte Rhein-Lamas grasten friedlich und schauten kaum auf, als wir an ihnen vorbeigingen. Gegen zwölf Uhr riss die Nebeldecke schließlich auf und gab Rhein und den gegenüberliegenden Hunsrück frei.

Immer auf der Suche nach neuen Wandergegenden, hatte ich zuletzt mit einer Bekannten gesprochen. Sie schwärmte vom Taunus, ihrer Heimat. »Na ja, Taunus, ich weiß nicht«, murmelte ich, um ihre Gefühle nicht zu verletzen. »Da fährt doch nur der schnelle ICE von Köln nach Frankfurt durch.« »Nein«, meinte sie, »da gibt es doch die ganzen Burgen!« Burgen im Taunus? Wo sollen denn die berühmten Taunus-Burgen sein? »Na, am Rhein.« Okay. Streng geographisch gesehen, ist das richtig, aber kein Mensch würde jemals sagen: »Ich gehe im Taunus wandern«, wenn er sich am rechtsrheinischen Ufer befindet. Menschen, die an Flüssen wohnen, sagen ja auch immer: »Wir kommen von der Mosel« oder »Wir leben am Rhein«. Die Flusslage ist einfach das Vorzeigeviertel der Mittelgebirge, dahinter kommen die landschaftlichen Slums. Die haben natürlich auch ihren ganz eigenen Charme, strahlen aber nicht die gleiche Würde und Klasse aus.

Wir hatten uns mittlerweile etwas vom Rhein entfernt und liefen an Dörscheid vorbei, ein Dorf der Kategorie »Westerwälder Allerlei«. Der Weg wurde immer schmaler. Sehr schmal. Über staubige Erde und Schiefergeröll ging es ungesichert ohne Geländer am Hang entlang. Da ich nicht schwindelfrei bin, musste ich öfters Pausen machen und kam nur sehr langsam voran. Ich ging wie auf Eiern. Markus, der alte Alpinist, marschierte forsch voran (»Das ist nix hier gegen die Alpen«), war aber auch meiner Meinung, dass das nun nicht mehr der Rheinsteig sein könne. Wir hatten schon länger keine Markierung gesehen. Für einen Wohlfühlweg war es hier zu gefährlich. Der Untertitel des Rheinsteigs heißt zwar »Wandern auf hohem Niveau«, aber damit war wohl kaum Harakiri-Wandern gemeint. Auch wenn die Tagestour zwischen Kaub und St. Goarshausen mit »drei Sternen«, der höchsten und anspruchsvollsten Klassifizierung, gekennzeichnet war und als eine der schwierigsten Tagestouren galt. Aber das hier war lebensgefährlich. Immerhin war es überhaupt ein Weg, sodass es nicht in Frage kam, umzukehren. Aber hätte man uns nicht intensiver vor diesem Weg warnen können, ja müssen? Warum gab es keine richtigen Wanderverkehrszeichen?

Jungs, hier seid ihr falsch. Sofort umkehren!

Hier nur Rundwanderweg.

Achtung, Feldweg mit fiesen Traktorfurchen!

Diesen Weg besser ohne Kinder gehen.

Mal ganz ehrlich. Dieser Wanderweg ist wirklich miserabel und langweilig. Besser nicht gehen!

 Schöner, schmaler Wanderpfad.

 Achtung, rücksichtslose Mountainbiker!

 Wer hier weitergeht, muss über Elektrozäune klettern ...

 ... und dann vor Stieren weglaufen.

 Erst geht es ganz steil hoch, dann ein bisschen abwärts und dann immer weiter steil nach oben.

Nach insgesamt 45 Minuten gelangten wir wieder auf den Rheinsteig. Das weiße »R« auf blauem Grund verhieß eine Rückkehr in zivilisierte Wandergefilde. Wir mussten aber überheblich schmunzeln, als der Weg sich über ein paar Felsen schlängelte. Hier war alles für die Sicherheit des Wanderers getan worden: Drahtseile und im Boden verankerte Pfosten. Fast ein bisschen langweilig nach der Kamikazestrecke. An den optimal abgesicherten Felsen schoben wir uns an einem Pärchen vorbei, das wir bereits dreimal überholt hatten. Entweder hatten wir kurz gerastet oder uns verlaufen, und nun mussten wir schon wieder diesen blöden Hüten hinterherlaufen. Die Karo-Hemden der beiden gingen ja noch, ebenso die Outdoor-Westen. Aber die Leder-Trapper-Hüte waren zu viel. Schlabbrige Lederhüte trägt man vielleicht im australischen Outback bei der Krokodil-Safari oder beim Ayers-Rock-Gucken oder was man da so macht, aber doch nicht in deutschen Mittelgebirgen und nicht am Rhein!

Nachdem wir bisher einige überholt hatten, kamen uns nun immer mehr Wanderer entgegen. Sie folgten der offiziellen Nord-Süd-Richtung des Rheinsteigs. An einem steilen Aufstieg machte uns ein entgegenkommendes älteres Pärchen (ohne Hüte) Platz mit den Worten »Bergfracht geht vor«. Mir ist nicht ganz klar, ob sich dieses anscheinend halbwegs geflügelte Wort auf unsere Last auf dem Rücken oder auf uns selber bezog. Ich wäre wahrscheinlich stehengeblieben, um dem Alter den Vortritt zu lassen, da es inzwischen sehr heiß geworden war und wir uns nach einer Pause sehnten. Nur fünf Minuten später erreichten wir den Rastplatz »Alte Burg«. An der »Alten Burg« war keine Burg zu sehen. Die war eben so alt, dass sie auch schon wieder weg war. Hier war es jedoch entschieden besser als an der Wanderhütte mit Basketballkorb, die wir zuvor passiert hatten. Was sollte das denn? Schon Basketballkörbe in Garageneinfahrten signalisieren: In-Amerika-hängen-die-auch-an-jede-Garageneinfahrt-einen-Korb. Noch nie, nie, nie habe ich ein Kind oder einen Jugendlichen an einem solchen Korb Basketball spielen sehen. Und jetzt auch noch im Wald. Gibt es Wanderer, die einen Basketball im Rucksack mitführen und sich dann an dieser Wanderhütte denken: Toll, schau mal, Schatz, da ist ja ein Korb an der Wanderhütte, da nehme ich doch mal schnell den Basketball aus dem Rucksack, den ich die ganze Tour mit mir herumgeschleppt habe, und übe mal ein paar Dunkings?

Markus hatte für uns beide panierte Putenschnitzel gemacht, und die Sicht über den Rhein war großartig. Wir versicherten uns, dass es uns selten so gut gegangen sei, es noch nie besser geschmeckt habe und das Leben sich von seiner besten Seite zeige. Wenn man diese Aussicht malen würde, könnte das entstandene Kunstwerk kitschig wirken. In Venedig hatte ich zuletzt einen deutschen Familienvater belauscht, der während der Fahrt mit einem Lagunenboot seine Familie darüber belehrte, dass er nun kein Foto von dem wundervollen Panorama der Stadt machen würde, da der Blick in den Sonnenuntergang zu kitschig wäre. Da hätte ich fast wütend eingegriffen und korrigiert: Eine Landschaft oder eine Stadtansicht kann nie kitschig sein, höchstens ihre

Wartestand am Rheinsteig: Was soll hier vorbeikommen?
Busse, Rehe, Mädels?

künstlerische oder zumindest kunstgewerbliche bildliche Wiedergabe. Es ist durchaus schicklich, selbst bei fast körperlich schmerzend schönen Landschaften die Augen geöffnet zu halten. Das kann nie Kitsch sein. Warum ich das erzähle? Weil der Begriff Kitsch meines Wissens am Rhein entstanden ist. Im 19. Jahrhundert waren die Engländer nicht nur italiensüchtig, sondern auch verrückt nach dem Rhein. Der erste Baedeker-Reiseführer von 1830, »Rheinreise von Mainz nach Cöln«, wurde rasch ins Englische übersetzt und der Mittelrhein zu einem beliebten Ziel der Angelsachsen. Auch ein Maler wie William Turner hat nicht nur Schiffe in dunstigen Londoner Häfen gemalt, sondern war etliche Male am Rhein unterwegs, um die Romantik der Burgen und des Rheintals auf Zeichnungen und Gemälden zu verewigen. Und ihm machten es junge englische Damen nach, die sich mit Skizzenblock an den Fluss setzten.

Und da saß also diese junge englische Lady, nennen wir sie einmal Jane, am Rheinufer und zeichnete eine mittelalterliche Burg ab. Das interessierte natürlich auch die rheinischen Ureinwohner, die es nicht kannten, dass jemand die Muße hat, sich stundenlang ohne harte körperliche Arbeit, einfach nur so zum Zeitvertreib, mit der Natur zu beschäftigen. Die Rheinländer fragten also Jane: »Watt mähs du denn do, watt iss datt?« Jane, ungeheuer polyglott gebildet, verstand sofort die Frage und antwortete: »It's a sketch«, übersetzt also: »Es ist eine Zeichnung.« Jetzt fragte der eine Rheinländer den anderen Rheinländer: »Häst do verstanden, watt die jesagt hätt?« – und der andere sagte: »Na klar, datt iss Kitsch.« Und so entstand der Legende nach der Begriff Kitsch.

Von unserem Rastplatz aus konnten wir in aller Ruhe schon mal zur Loreley hinüberschauen. Unterhalb der 132 Meter hohen Loreley befindet sich die schmalste und tiefste Stelle des Mittelrheintals an einer Flussbiegung mit Stromschnellen und aus dem Wasser ragenden Felsen. Noch heute ist es für Rheinschiffer eine heikle Stelle und erfordert all ihre Navigationskünste. In vergangenen Jahrhunderten hatte hier so mancher Schiffer und Flößer seinen Kahn versenkt. Und da es natürlich nicht an der Unfähigkeit des jeweiligen Kapitäns liegen konnte, war mal wieder das Weib schuld. Daher erfand man eine Langhaarblondine, die die Schiffer ins Unglück führte. Ich war beeindruckt, dass Markus, der alte Deutschlehrer, sich perfekt auf den heutigen Tag vorbereitet hatte und Heines Loreley-Gassenhauer auswendig deklamieren konnte:

Ich weiß nicht, was soll es bedeuten,
Dass ich so traurig bin;
Ein Märchen aus alten Zeiten,
Das kommt mir nicht aus dem Sinn.

Die Luft ist kühl und es dunkelt,
Und ruhig fließt der Rhein;
Der Gipfel des Berges funkelt
Im Abendsonnenschein.

Die schönste Jungfrau sitzet
Dort oben wunderbar;
Ihr goldnes Geschmeide blitzet,
Sie kämmt ihr goldenes Haar.

Sie kämmt es mit goldenem Kamme
Und singt ein Lied dabei;
Das hat eine wundersame,
Gewaltige Melodei.

Den Schiffer im kleinen Schiffe
Ergreift es mit wildem Weh;
Er schaut nicht die Felsenriffe,
Er schaut nur hinauf in die Höh.

Ich glaube, die Wellen verschlingen
Am Ende Schiffer und Kahn;
Und das hat mit ihrem Singen
Die Lore-Ley getan.

Nach unserer Rast wollten wir so schnell wie möglich zur Loreley. Zunächst aber führte uns der Rheinsteig etwas vom Fluss weg. Plötzlich stand einsam auf einer Wiese ein frei-stehendes Bauernhaus. Mein Bauchgefühl sagte mir: jetzt rechts gehen, aber das weiße »R« auf blauem Grund wies den Weg geradeaus. Nun hatten wir uns heute schon einmal verlaufen, sodass wir wie brave Schüler den Markierungen folgten. Ein erneuter Aussichtspunkt war das Ziel, ohne dass man mehr gesehen hätte als von der Wanderhütte »Alte Burg«. Dann ging es wieder landeinwärts, und wir kamen zu dem einsam gelegenen Bauernhaus, nur von der anderen Seite. Der Rheinsteig macht also eine ziemlich unsinnige Schleife von gut einem Kilometer. Unter »Wandern auf hohem Niveau« hatte ich mir etwas anderes vorgestellt, als im Kreis zu gehen. Es gibt viele tolle Aussichten auf diesem Wanderweg, und es wäre nicht mal aufgefallen, hätte man diese ausgelassen. Ich schlage als sogenannte Andrack-Variante vor, an dem Bauernhaus rechts zu gehen. 50 Meter weiter stößt man dann wieder auf den Rheinsteig.

An den Busparkplätzen auf der Loreley allerdings führt kein Weg vorbei. Und wie gute Bustouristen steuerten wir den Andenkenladen an, mit jeder Menge kunstgewerblichen

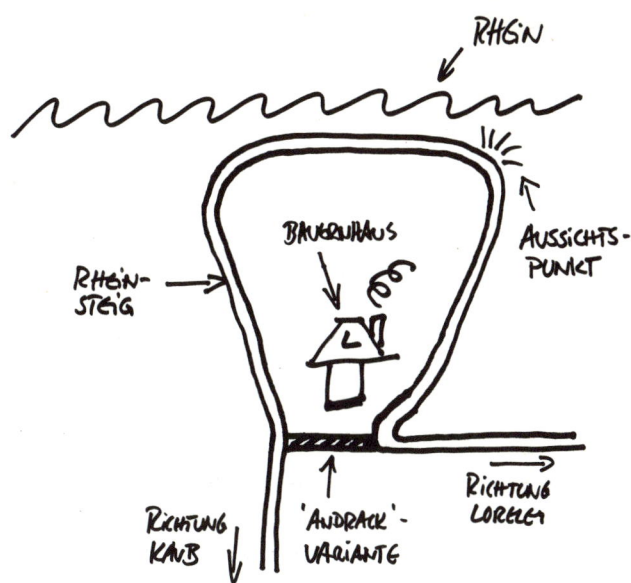

Spitzenprodukten, die das Angebot eines normalen Souvenirladens bei Weitem übertrafen:

- Regenschirme
- Etageren (diese dreistöckigen Dinger, auf denen Omi die Plätzchen serviert)
- Flaschenöffner
- Pistolen
- Eine Stofftasche mit Weinmotiv und dem Aufdruck: »Meine Leute waren am Rhein, und das Einzige, was sie mir mitgebracht haben, war diese Scheiß-Tasche«
- Teelöffel-Service
- Schneekugel
- Weizenbierglas (ich habe mir eines für 5,50 Euro gekauft, leider ist es in der Spülmaschine kaputtgegangen)

- Skatspiel
- Bierdeckeluntersetzer
- Schnaps »Tränen der Loreley«
- Nackige Loreleys:
  Modell 1: mit zusammengefalteten und verschlungenen Beinen im Stile der kleinen Meerjungfrau
  Modell 2: ziemlich unzüchtig mit gespreizten Schenkeln
  (Zwei Seniorinnen einer französischen Reisegruppe konnten sich nicht einigen, welches Modell sie erwerben wollten, und trieben inklusive Sprachbarriere die Verkäuferinnen in den Wahnsinn.)

Dass ich eben so ausführlich über das Wort »Kitsch« und seine Herkunft erzählt habe, liegt daran, dass mich die Herkunft von Wörtern immer schon interessiert hat. Leicht ist es bei Lehnwörtern. Das französische »Le Waldsterben«, der amerikanische »kindergarden«, das türkische »haymatlos« und das russische »ziferblat« sind eindeutig deutschen Ursprungs. Aber aus welchen Wortstämmen leiten sich deutsche Wörter und Eigennamen her? Markus und ich haben beide Germanistik studiert. Zu einem solchen Studium gehören auch fundierte Kenntnisse des Mittelhochdeutschen. Und so wussten wir beide, da wir speziell im Erlernen des Mittelhochdeutschen extrem fleißig gewesen waren, dass man »Ley« mit »Felsen« übersetzt. Die Loreley war also der Felsen der Lore, die hier oben durch das Kämmen ihrer langen blonden Haare die Rheinschiffer um den Verstand gebracht hat.

Aber auch unzählige andere deutsche Wörter leiten ihre ursprüngliche Bedeutung vom Wortstamm Ley = Felsen her. Meistens hat sich aber das altertümliche »y« zu einem »i« gewandt. Hier nur drei Beispiele:

- Ferkelei. Mittelhochdeutsch = Ferckeley. Eine Tat oder ein Gedanke, der derart säuisch ist, dass selbst ein Fels erröten muss.
- Blei. Mittelhochdeutsch = B-Ley. Das schwere Metall wurde zunächst als minderwertiges Felsgestein angesehen, da es zu schwer war, um beim Haus- und Kirchenbau Verwendung zu finden. Folglich unterschied man zwischen hochwertigem Gestein (A-Ley) und minderwertigem (B-Ley). Als man später entdeckte, dass es sich um ein Metall handelte, blieb der Name trotzdem bestehen.
- Leistung. Mittelhochdeutsch = Leystungk. Aus der Annahme, jeder Ritter und Edelmann müsse wie ein Felsen (Ley) in der Brandung stehen (stungk), entwickelte sich dieses Wort.

Der Rhein – nur schön

Wir schafften es gerade noch in die letzte Vorstellung des 3-D-Kinos im kürzlich eröffneten »Besucherzentrum Loreley«. Wir waren die einzigen Zuschauer. In zahllosen Hubschrauberflügen wurde in dem 18-minütigen cineastischen Meisterwerk das Rheintal vorgestellt. Störend war nur, dass die Miss Loreley in dem Film ein Nasenpiercing hatte. Metall an der Nase geht prinzipiell schon nicht, aber im Gesicht einer Dame, die eine mythische Figur darstellt, gehört es verboten.

Hinter der Loreley führt der Rheinsteig erst durch eine Wohnsiedlung mit Schulzentrum und später an Burg Katz vorbei hinunter nach St. Goarshausen. An der Talstraße wies uns ein Schild darauf hin, dass es nur noch 0,3 Kilometer bis zum Ortszentrum wären. Aber der Rheinsteig zwang uns noch einmal in die Höhe zum Dreiburgenblick, also zu einem Umweg von zwei Kilometern.

Am Dreiburgenblick standen schon eine ältere Frau und ihre Tochter, die sich auszukennen schienen. Man konnte von hier aus tatsächlich Burg Katz zur linken Hand sehen (»Die Burg haben die Japaner gekauft. Die sind aber nie da. Nur manchmal veranstalten diese Japaner Seminare, und

Markus sieht fassungslos eine gepiercte Loreley.

dann brennt Licht hinter den Fenstern«). Gegenüber, hoch über St. Goar, thronte Burg Rheinfels, und wenn man sich sehr anstrengte, konnte man rechts Burg Maus entdecken (»Gehört einem Feigenzüchter. Der ist meistens zuhause«).

Burg Katz und Burg Maus heißen so, weil sie sich wie Katz und Maus belagern. Nun ja. Wer jemals gesehen hat, wie nah die Manderscheider Burgen beieinanderliegen, kann über die Burgen am Rhein nur schmunzeln. Immerhin sind aber alle drei Burgen, die man von dieser Aussichtsplattform sehen kann, historische, im Spätmittelalter entstandene Bauten und keine süßlichen romantischen Nachbauten des 19. Jahrhunderts.

Wir wollten in St. Goarshausen übernachten, fanden nur zwei Einzelzimmer in einem Seitental, alle Hotels direkt am Rhein waren komplett ausgebucht. Der Wirt klärte uns über das Touristenwunder am Rhein auf: Hier würden eigentlich alle Hotels vom Bustourismus leben. Schon ein Jahr im Voraus buchten die Busreiseveranstalter große Hotelkontingente in St. Goarshausen. Da wird es für Wanderer, die spontan noch eine Bleibe suchen, wirklich schwer.

Zu später Stunde fiel eine Busgruppe aus Norddeutschland auf ihrer Rückkehr vom Tagesausflug in die Rüdesheimer Drosselgasse in das Hotelrestaurant ein. Es gingen massenhafte Bestellungen für süßen Rotwein ein. Die Enttäuschung war riesengroß, als bekannt wurde, dass es nur süßen Weißwein gebe. Aber der wurde auch getrunken.

Am nächsten Tag wanderten wir den Rheinsteig flussaufwärts weiter bis Kestert. Das sind gerade mal 12,4 Kilometer, und mit 810 Meter Steigung ist diese Etappe nicht so anspruchsvoll wie die Königstour von Kaub nach St. Goarshausen. Diese Strecke ist eigentlich etwas zu kurz geraten, da man schon mittags in Kestert ankommt. Weiter wandern könnte man noch 12,7 Kilometer nach Kamp-Bornhofen oder 14,1 Kilometer nach Filsen.

Der Weg führte uns an Burg Maus vorbei und in langen Kehren wieder bergan. Er ersparte uns sogar einen Aussichtspunkt und beließ es dabei, uns über eine im Frühdunst dampfende Wiese zu geleiten. Durch zwei Täler und viele Wälder ging es weiter bis nach Kestert.

Zusammen mit meiner »Nierensteinwanderung« war ich nun ungefähr 50 Kilometer, also ein gutes Siebtel des Rheinsteigs gewandert. Im Vergleich zu anderen neu konzipierten Wegen, wie zum Beispiel dem Rothaarsteig, verdient sich der Weg am großen Strom Bestnoten. Am meisten profitiert er natürlich von den Natur- und Kulturlandschaften, den Weinhängen, den kleinen Dörfern und Burgen. Manchmal ist es dann aber zu viel des Guten an Rheinaussichten. Ich schlage daher die Einrichtung eines Rheinsteig-Schnellwanderweges vor, der verzichtbare Aussichtspunkte und Umwege weglässt. Ein Weg nach dem Motto »Der Rheinsteig in zehn Tagen« oder ganz einfach »Die Andrack-Variante«.

Aufführungslänge
20,9 Kilometer + 12,4 Kilometer
Aufführungsdauer
11 Stunden, 13 Minuten
In den Pausen von 3 Stunden, 23 Minuten wird gegessen, getrunken und die Loreley besichtigt.

Programmheft

»Rheinsteig, Topographische Freizeitkarte«, 1:50.000.
Auf dieser Karte sind in einem komplizierten Faltsystem
zwar die gesamten 320 Kilometer Wegelänge enthalten,
der Maßstab ist aber doch etwas zu groß geraten.

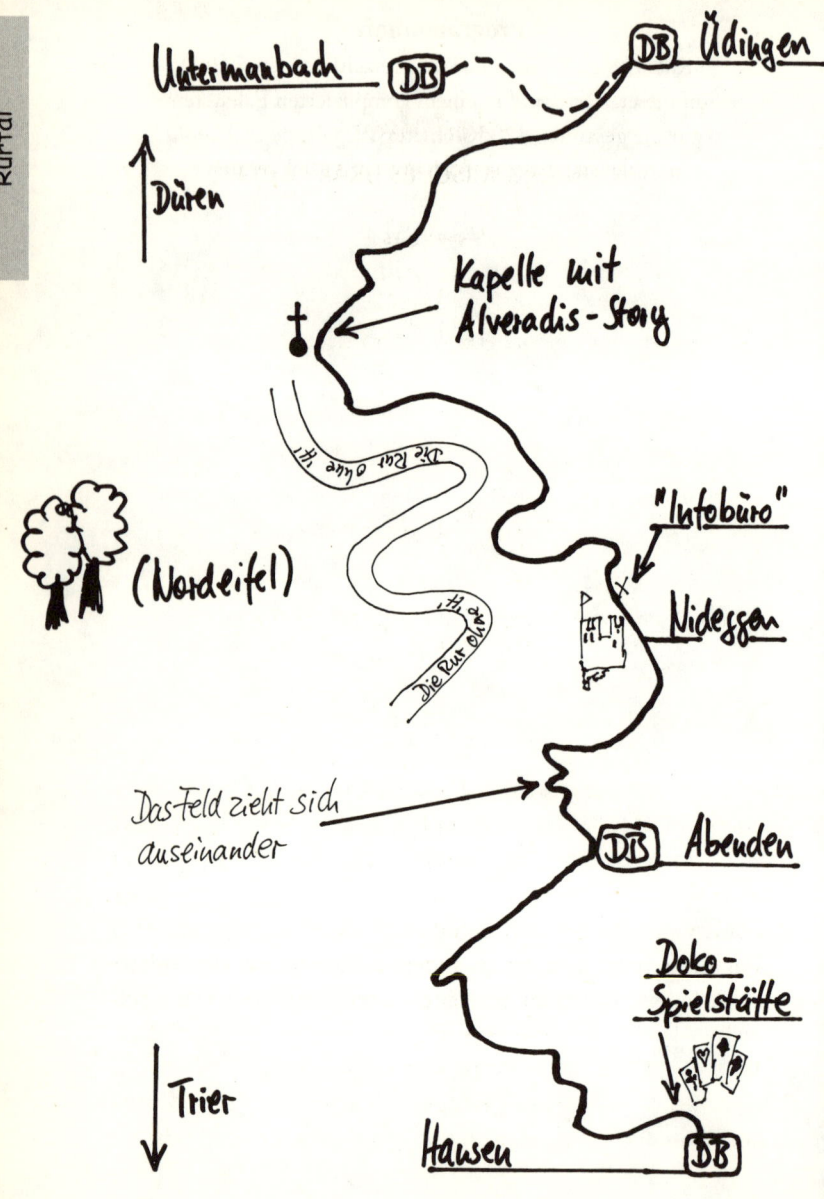

Untermaubach — DB — — — — DB Üdingen

↑ Düren

Kapelle mit
Alveradis-Story
†←

(Nordeifel)

Die Rur ohne Ufer

Die Rur ohne Ufer

"Infobüro"
↓×
Nideggen

Das Feld zieht sich
auseinander →

DB Abenden

Doko-
Spielstätte
↓

↓ Trier

Hausen — DB

Wadoko

EIN TRAGIKOMISCHES DRAMOLETT

Personen

Andreas ⎫	Mitglieder der Doppel-
Holger ⎬	kopfspielgemeinschaft
Peter ⎭	»Sportfreunde 86«

Alveradis	Mit Honig beschmierte Grafengattin

Nideggen-Mann ⎫	Informanten
Nideggen-Frau ⎭	

Schauplatz ist das Rurtal in der Nordeifel,
die Zeit Februar 2006.

Es liegt eindeutig im Trend, scheinbar unvereinbare Sport-arten zu kombinieren. Skilanglauf und Schießen ergibt Biathlon, Schwimmen, Radfahren und Laufen Triathlon, und wem das nicht reicht, für den gibt es noch den modernen Fünfkampf oder gar den Zehnkampf. Warum sollte man also Wandern nicht mit einer anderen Betätigung verbinden? Schießen ist vielleicht für einen alten Pazifisten wie mich nicht das Richtige. Aber wie wäre es mit Kartenspielen? Erst Wandern, dann Doppelkopf, erst Laufen und dann Zocken, erst körperliche, dann geistige Höchstleistungen vollbringen, erst ein Fest für die Physis, dann eines für die Psyche.

Ich hatte schon immer lieber Doppelkopf als Skat gespielt. Von vier Spielern spielen jeweils zwei zusammen. Das Interessante ist, dass man vor dem Spiel nicht weiß, wer mit wem spielt (beim Skat wird das ja durch das berühmte Reizen entschieden). Durch Spielansagen und geschickte Beobachtung muss man während der Partie herausfinden, wer der eigene Partner und wer der Gegner ist. Das sorgt für ein hochpsychologisches Moment.

Es hilft schon zu wissen, welche Spielertypen einem gegenübersitzen. Unsere Doppelkopfspielgemeinschaft »Sportfreunde 86« war sehr heterogen. Holger hatte mit mir Theater-, Film- und Fernsehwissenschaft studiert und ist jetzt Eigentümer einer Firma für Mediendesign und Werbung. Er ist einer der Urväter des roten Balls von VOX und produziert neben tausend anderen Sachen die Hinweistrailer für »Wetten, dass«. Als Kartenspieler trägt Holger sein Herz auf der Zunge. Es bleibt nie verborgen, ob er ein gutes oder schlechtes Blatt hat und wie seine momentane Befindlichkeit ist.

Andreas ist selbstständiger Versicherungsagent mit einem Faible für den 1. FC Köln. Beim Kartenspielen ist er der Zocker und Bluffer in unserer Runde. Ständig versucht er, auch bei schlechtesten Blättern die Gegner zu verunsichern und zu demoralisieren und den eigenen Partner aufzubauen. Mit zunehmendem Alter ist er ein wenig risikoscheu geworden. Früher hätte er jedes noch so aussichtslose Spiel gespielt, heute geht er gelassener ran, da er mit dieser Strategie deutlich erfolgreicher ist.

Peter ist Arzt und Jung-Verleger und der ruhende Pol der Runde. Er ist das Pokerface, dem man gar nichts ansieht. Normalerweise spielt er nur die ganz sicheren Blätter und Ansagen. Umso überraschender (und erfolgreicher) ist es dann, wenn er urplötzlich und ohne Vorankündigung zum Angriff übergeht. Peter hatte von uns vier Doppelkopf-Jungs die größte Wandererfahrung, um genau zu sagen: Trekking-Erfahrung. Denn sein erstes Buch als Verleger beschäftigt sich mit Osttibet und heißt »Minya Konka – Schneeberge im Osten Tibets«, nach dem höchsten Berg dieser Gegend. Die dort beschriebenen Touren in 4.000 bis 5.500 Meter Höhe ist er zum großen Teil selbst gegangen. Er war also ein bisschen überqualifiziert für die Tour in der Nordeifel, die ich geplant hatte.

Die Rur ohne »h« sollte man nicht mit der Ruhr mit »h« verwechseln. Dort soll es auch gar nicht so übel sein, und an den alten Fördertürmen führen mittlerweile auch Wanderrouten entlang. Aber das Tal der Rur ohne »h« ist hervorragend! Die Rurtalbahn, die in den 80er Jahren stillgelegt werden sollte, aber dann als eine der ersten Strecken in Deutschland privatisiert wurde, transportiert zwischen Heimbach und Düren Radfahrer, Camper, Kanuten, Wanderer, Segler, Angler und Minigolfer. Am Fluss finden sich im

Meine ganz persönliche Hitliste der besten Flusstalwanderbahnen Deutschlands, die ich alle schon für Wanderungen genutzt habe.

Streckenname	Von–Nach	Kursbuch-Nummer
1. Oberelbstrecke	Meißen–Schöna	241.1
2. Rurtalbahn	Düren–Heimbach	484
3. Moselstrecke	Koblenz–Trier	690
4. Murgtalbahn	Rastatt–Freudenstadt	710.41
5. Semmeringbahn	Bad Schandau–Sebnitz	248
6. Eifelbahn an Urft und Kyll	Kall–Trier	474
7. Rechtsrheinische Strecke I	Koblenz–Rüdesheim	466
8. Rechtsrheinische Strecke II	Köln–Koblenz	465
9. Lößnitzgrundbahn	Radebeul Ost–Radeburg	509
10. Enztalbahn	Pforzheim–Bad Wildbad	710.6

Abstand von wenigen Kilometern Bahnhöfe, sodass man als Wanderer je nach Tagesform seine Tour problemlos verkürzen oder verlängern kann.

Doch der Mensch, der die Sitzbezüge der Rurtalbahn designt hat, muss Drogen genommen haben. Oder er war ein sehr praktisch denkender Mensch. Eine Explosion sämtlicher Facetten des Farbspektrums vermischt sich mit ekstatischen schwarzen Strichblitzen, sodass jugendliche Graffiti-Hooligans mit Edding in der Hand keine Angriffsfläche für ihre Kunstwerke finden. Und die Betreiber der Rurtalbahn hüten diese Bezüge wie ihre Augäpfel. Als ich vor einigen Jahren ermattet von einer Wanderung meinen Fuß auf einem Sitz abgelegt hatte, musste ich wegen Verunreinigung eine Strafe von 40 DM zahlen. Das war mir eine Lehre. Besser ist es in diesem Fall, die Beine zur Entlastung weit von sich zu strecken, da sich das Ausziehen der Wanderschuhe mit Rücksicht auf die Mitreisenden von selbst verbietet.

Wir wollten in Üdingen, 17 Zugminuten hinter Düren, aussteigen. Da niemand den Halteknopf drückte, fuhr der Zug einfach weiter bis zur nächsten Station. Die Rurtalbahn ist eben eher einer Straßenbahn denn einem ICE vergleichbar. Von Untermaubach nahmen wir dann wieder eine Bahn zurück nach Üdingen, und dort ging es auf den Wanderweg.

Der Hauptwanderweg 4 des Eifelvereins ist einer der großen Nord-Süd-Wege der Eifel. Er beginnt wenige Kilometer nördlich von Üdingen und führt durch die Täler von Rur, Urft und Kyll ins 189 Kilometer entfernte Trier. Es ist aber kein typischer Talweg. Meistens verläuft »die Vier« über die Höhenzüge oberhalb der Flüsse, so auch ab Üdingen im Rurtal. Auf den ersten Kilometern hielt Andreas gut mit. Er war der Ungeübteste, und ich hatte mir vor der Wanderung Sorgen gemacht, ob er das Tagespensum von knapp 20 Kilometern überhaupt schaffen würde. »Du unterschätzt mich«, hatte er geantwortet. Das war aber ein eindeutiger Bluff gewesen. Ich wusste: Er hatte Angst vor der Tour.

Nach einer knappen Stunde erreichten wir den ersten kulturhistorischen Höhepunkt der Wanderung: eine Kapelle. Daneben fand sich eine Tafel, die an Alveradis erinnerte und eine mittelalterliche Sex-and-Crime-Geschichte erzählte: Graf Wilhelm II. von Jülich, der Erbauer der nahen Burg Nideggen, hatte seine Frau mit dem schönen Namen Alveradis in einen eisernen Käfig sperren lassen. Der Käfig sollte an der Außenwand des Burgturms angebracht werden. Aber zuvor befahl der Graf, Alveradis mit Honig zu bestreichen, sodass sie von hunderten Bienen und Wespen gequält wurde. Nachdem sie derart umschwärmt an der Burgmauer hing, fuhr der Wüstling nach Köln, »um seiner Lust zu frönen«. Gott sei Dank wurde Alveradis von Frauen der ländlichen Umgebung gerettet. Alveradis erteilte zum Dank den Frauen die Nutzungsrechte für den Wald, durch den wir wanderten. Graf Wilhelm Zwo ereilte kurz nach seiner Schandtat die gerechte Strafe, und er starb alsbald an einer schlimmen Krankheit.

Zu Beginn hatten wir noch viel geredet. Die Vierer-Wanderungs-Dynamik bringt es mit sich, dass man sich in immer wechselnden Pärchen-Kombinationen findet und unterhält. Nur selten schritten wir wie die Musketiere in geschlossener Reihe Seite an Seite. Als der Weg in steilen Kehren bergauf führte, schmaler wurde und sich über unseren Köpfen gewaltige Sandsteinfelsen türmten, war Schluss mit Reden. Nun hörte man nur das Keuchen, Stöhnen und Husten von nicht mehr ganz jungen Männern. Ganz am Ende ging Peter. Der hatte den Hochgebirgsrhythmus verinnerlicht. Bergauf immer gleichbleibendes, langsames Tempo, am besten unter der anaeroben Grenze, an der Schwelle zum Hecheln und Schwitzen. Oben auf den Sandsteinfelsen versuchte Holger sein Glück als Freeclimber und sprang auf einem monolithischen Felsen herum. Wir trösteten uns damit, dass wir im Falle eines Absturzes zum Abschluss des Tages auch Skat spielen konnten.

Der Wanderweg zwischen Üdingen und Nideggen ist ein Steigerungsweg. Man steigert nicht nur permanent die Höhenmeter, auch die Wanderqualität wächst beständig. Zunächst geht es über die Ortsstraßen von Üdingen, dann über asphaltierte Feldwege, später über steinige Forstwege, und schließlich schlängelt sich ein schmaler Pfad an den Sandsteinfelsen des Rurtals vorbei. Auf diesem Pfad erblickten wir schon früh die Burg Nideggen, die Stammburg Wilhelms des Lüsternen.

In Nideggen fragte Peter nach dem »Ratskeller«. In einem Hauseingang stand ein älterer Mann und wies uns den Weg. Leise, aber hörbar zischte seine Frau, kaum hatte Peter sich umgedreht: »Ja sind wir denn hier ein Infobüro?« Liebe unbekannte Frau aus Nideggen: Nein, Sie sind kein Infobüro, ein Lebewesen kann kein Büro sein. Aber es sollte zum höflichen und freundlichen Naturell eines Menschen gehören, Auskunft zu erteilen, wenn sie erwünscht ist. Und speziell in einem Ort, der zu einem nicht geringen Teil vom Tourismus lebt, sollten die Bewohner ein verstärktes Interesse daran haben, Touristen (und auch Wanderer sind Touristen) weiterzuhelfen. Sonst könnten die Touristen am Ende auf die Idee kommen, in Gebiete zu fahren, wo jeder Bewohner mit Freude ein Infobüro ist. Ende der Gardinenpredigt.

Die Rurtaltour von Üdingen flussaufwärts war ich schon dreimal gegangen. Immer war ich bislang in der Burg Nideggen eingekehrt. Dort gibt es hervorragendes Essen in mittelalterlichen Gemäuern und einen tollen Blick über das Rurtal. Als ich vor der Doppelkopfwanderung telefonisch einen Tisch bestellen wollte, musste ich feststellen, dass sich die gesamte Belegschaft für diesen Tag freigenommen hatte. »Nä, Herr Andrack, wir sind am Freitag in Köln, Karneval feiern.« Also hatte ich im Internet nach einer Alternative gesucht. Mit den Begriffen »Restaurant« und »Nideggen« gelangte ich auf die Internetseite www.zum-ratskeller.de. Dort sind tatsächlich alle 143 Restaurants in Deutschland aufgeführt, die »Ratskeller« heißen. Ob in Dessau, Buxte-hude, Bad Salzuflen oder Freudenstadt, man findet jedes Restaurant mit Namen »Ratskeller« nach Postleitzahlen geordnet. Aber wer, bitte schön, braucht so etwas? Man plant doch nicht eine Reise nach, sagen wir einmal, Bücke-burg und schaut dann unter www.zum-ratskeller.de nach, ob es dort auch einen »Ratskeller« gibt. Nur zur Info, in Bückeburg gibt es tatsächlich einen Ratskeller. Im »Rats-keller« zu Nideggen waren wir die einzigen Gäste an diesem Mittag.

Wenn es sich bei der Wanderung an diesem Tag um ein Fußballspiel gehandelt hätte, hätte man Andreas zur Halb-zeit auswechseln müssen. Die Füße taten ihm weh, und sein Baumwoll-T-Shirt war derart durchgeschwitzt, dass ihn schon im Restaurant fröstelte. Peter war entschieden dage-gen, das T-Shirt von Andreas auf der Heizung trocknen zu lassen. Wir hatten ja das Essen noch vor uns. Wir beschlos-sen auch, keinen Umweg über den ortsansässigen Super-markt zu machen, wo er sich ein neues T-Shirt hätte kaufen können. Also besorgte sich Andreas auf der Restaurant-

Holger vor dem Ratskeller in Nideggen

Toilette Papierhandtücher und stopfte sie sich unter das nasse T-Shirt.

Zur Rur zurück kam man nur auf einem steilen Weg den Berg hinunter. Der »Downhill-König« war Holger. Er flog förmlich, nutzte jede Abkürzung und war zwei Minuten vor Peter und mir, die gemächlich hinabstiegen, im Tal. Als Letzter kam Andreas. Er sah sehr mitgenommen aus, und die Papierhandtücher waren während des Abstiegs in Richtung Bauch gerutscht. Gelten Männer neuerdings eher als verweichlicht, ließ Andreas sich nichts anmerken. Er war nicht aus dem weichen Holz des »neuen Mannes« geschnitzt. Er bluffte weiter: «Was ist Jungs, können wir endlich weitergehen?«

Wir kamen nach Abenden. Hier hätte man Schluss machen können. Das Dorf hat eine Kneipe zum Kartenspielen und eine Bahnstation. Aber nach Hausen waren es nur noch 4,5 Kilometer, und der Wanderweg sollte weitestgehend im Tal verlaufen. Das würden wir wohl noch schaffen!

In Hausen sahen wir, nahe der Bahnstation, schon von Weitem die Gaststätte »Haus Rurtal«. Dem Biathlon vergleichbar war das jetzt unser Schießstand, der Puls würde bald hinuntergehen, um mit sicherer Hand die Karten zu halten und die richtigen Entscheidungen für ein perfektes Spiel zu treffen. Peter und ich waren schon im Lokal angekommen, hatten Heißgetränke bestellt – es war doch recht kalt an diesem Tag –, als schließlich auch Andreas und sein Pfleger Holger kamen. »Wir sind stolz auf dich, Andreas«, sagte ich, als wir alle am Tisch saßen. »Stolz kann man nicht sagen, einfach froh, dass du noch dabei bist«, ergänzte Peter. Für ihn als alten Tibet-Wanderer hätten es an diesem Tag noch ein paar Kilometer mehr sein können. Doch wenn man zu viert ist, muss man Kompromisse machen. In den nächsten vier Stunden spielten wir Karten, was niemanden störte, da wir die einzigen Gäste waren. In den meisten Kölner Gaststätten ist das Kartenspielen inzwischen nicht mehr gerne gesehen. Es stört wohl die Event-Gastronomie, vor allem, wenn die beteiligten Spieler anfangen, sich anzuschreien und gegenseitig Vorwürfe zu machen, was beim Doppelkopf schnell passieren kann. Als kurz nach 21 Uhr die letzte Bahn nach Düren fuhr, brachen wir auf.

Es war mein Tag gewesen. In zwei unterschiedlichen Spielrunden war ich jeweils Zweiter im Doppelkopf geworden und hatte die Wanderwertung zusammen mit Peter klar für mich entschieden. Im Weltcup des neuen, heute von uns spontan gegründeten Wadoko-Verbandes (angelehnt an das neue Mode-Zahlenrätsel Sudoku) hatte ich eindeutig die Führung übernommen.

Auf der Fahrt zurück nach Köln stellte ich mir die Frage, ob das nun ein typischer Männerausflug gewesen war. Zu den klassischen Männer-Bastionen gehören Studentenverbindungen, Männergesangsvereine, Fußballklubs, Männer-Kegelvereine, Karnevalsvereine. (Natürlich gibt es in den meisten Kölner Karnevalsvereinen auch eine Frau: das Funkenmariechen!) Was verbindet alle diese männerbündischen Zusammenschlüsse?

1. Es wird sehr viel Bier getrunken. Gut, das haben wir auch getan, vor allem während des Kartenspielens, aber nicht bis zur Besinnungslosigkeit (vergleiche hierzu Studentenverbindungen und Kegeltouren).

2. Es werden anzügliche Bemerkungen über Frauen im Besonderen und Allgemeinen gemacht. Davon war nicht die Spur zu verzeichnen. Null.

3. Wie es in Köln heißt: Man kennt sich, man hilft sich. Das Moment der Vetternwirtschaft ist sehr ausgeprägt innerhalb

von Männervereinigungen. Was bei uns vieren nicht ist, kann ja noch werden. Aber keiner von uns war bei Andreas versichert, keiner war Kunde bei Holgers Firma, und keiner gehörte zum erweiterten Abnehmerkreis von Peters Tibet-Büchern. Kein kölscher Klüngel, nirgendwo.

4. Ganz allgemein gesprochen: In Männervereinen genießt man die temporäre Abwesenheit von Frauen und lässt die Sau raus. Das war bei uns auch nicht der Fall gewesen. Obwohl: Wahrscheinlich ist es ein Klischee. Aber vielleicht wäre unser kleiner Wanderverein mit Frauenbeteiligung durch Nideggen mit all seinen süßen Geschäften mit den supertollen Auslagen nicht ganz so schnell hindurchgegangen. Aber das ist, wie gesagt, bestimmt ein ganz blödes Vorurteil. Vermutlich wäre der Tag nicht anders verlaufen, würden ein oder zwei Frauen zu den »Sportfreunden 86« gehören.

Aufführungslänge
19 Kilometer
Aufführungsdauer
6 Stunden und 2 Minuten mit einer 70-minütigen Pause
Programmheft
Erholungsgebiet Rureifel, 1:25.000

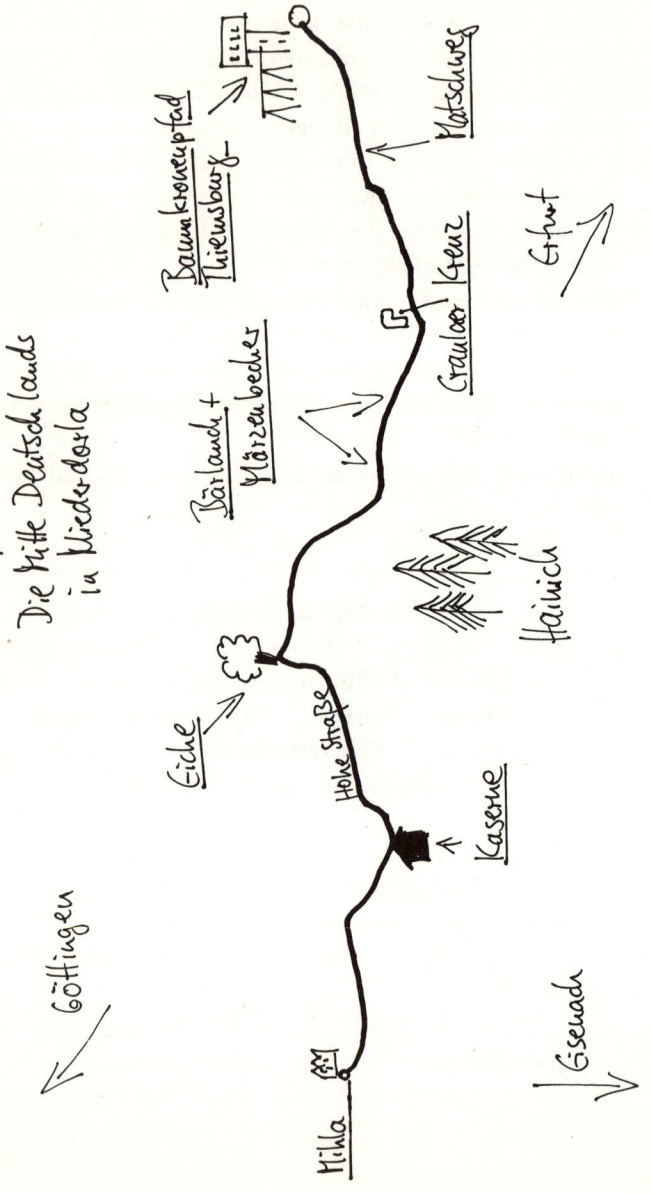

Göttingen

Die Mitte Deutschlands
in Niederdorla

Eiche

Hohe Straße

Kaserne

Milla

Gisenada

Bärlauch +
Märzenbecher

Craulaer Kreuz

Baumkronenpfad
Thiemsburg-

Plotschwes

Erfurt

Hainich

Vor fünf im Urwald

EIN EINAKTER

Personen
Lena   Meine Tochter
Nationalpark-Ranger
Pubertierendes Etwas
mit Eltern

*Schauplatz ist der Hainich in Thüringen,
die Zeit April 2006.*

Die Mitte ist nichts Halbes und nichts Ganzes. Politisch pendelt man zwischen links und rechts, ein Platz im Mittelfeld einer Fußballtabelle ist fade – auf den ersten Plätzen und den letzten spielt die Musik. Und die großen nationalen Zeitungen geben Wettervorhersagen von West-, Ost-, Nord- und Süddeutschland. Aber die Mitte? Die bleibt unerwähnt. Es gibt aber eine Mitte. Eine geographische und mathematische Mitte Deutschlands. Je nach Berechnung liegt diese Mitte in Krebeck, Heiligenstadt oder Niederdorla (auf Niederdorla hat sich der Verband deutscher Schulgeographen e.V. geeinigt, und wenn die es nicht wissen, wer dann?). Auf jeden Fall liegt die geographische Mitte Deutschlands in der Nähe des Hainich in Thüringen.
Hainich? Wer oder was ist der Hainich? Ich hatte im Vorfeld meiner Wanderung bei einigen Mitmenschen getestet, ob sie den Hainich kennen. Aber weder Kai Pflaume noch

meine Mutter hatten je etwas von diesem Mini-Mittelgebirge gehört. Auch nicht von den Orten dieses Landstrichs, von Wanfried, Nazza, Treffurt, Langula, Großengottern und Langenfeld unterm Stein.

Dass der Hainich so unbekannt ist, wundert einen nicht, denn immerhin war dieser schmale Höhenzug in Thüringen nördlich der Wartburgstadt Eisenach 60 Jahre lang auf keiner Landkarte verzeichnet gewesen. Das war nicht der Fluch der Mitte. Es handelte sich um militärisches Sperrgebiet, das von der Wehrmacht, der nationalen Volksarmee und der Roten Armee zu Übungszwecken genutzt wurde. Nun befindet sich dort einer der 14 deutschen Nationalparks.

Als Startpunkt der Hainich-Entdeckungsreise hatte ich Mihla ausgewählt, ein Ort zwölf Kilometer von der geographischen Mitte Deutschlands entfernt. Ich hatte mich natürlich im Internet über den Hainich informiert. Die Bilder im Netz hatten unberührte Natur ohne Forstwirtschaft versprochen und mich neugierig gemacht. Mit meiner Tochter Lena wollte ich 15 Kilometer bis zum Baumkronenpfad Thiemsburg gehen. Der Baumkronenpfad wurde im Sommer 2005 eröffnet und ist der zweite seiner Art in Deutschland (den anderen findet man übrigens im Pfälzer Wald!). Dort kann in luftiger Höhe und aus ungewöhnlicher Perspektive der Wald entdeckt werden.

Ein ansteigender Asphaltweg führte zu einer ehemaligen Kaserne, hinter der schließlich der Wald begann. Eine Tafel am Wegrand klärte uns darüber auf, dass wir auf der Hohen Straße gingen, eine alte Wirtschaftsstraße und damit für den ambitionierten Wanderer so prickelnd wie eingeschlafene Füße. Auf dem Weg hörten wir einen Specht und begegneten einem Hund mit seinem Herrchen. Mehr Tiere sollten wir an diesem Tag nicht zu sehen bekommen, dabei war uns von der äußerst netten Frau im Hotel einiges versprochen worden – ihren Gästen wären schon Wildschweine, 32 an der Zahl, begegnet. Auch Dachse und sogar Waschbären sollten im Hainich leben. Vermutlich hielten sie alle noch ihren Winterschlaf.

An einer großen Eiche bogen wir rechts auf den Gratweg des Hainich, den Rennstieg. Spätestens nach zwei bis drei Kilometern war klar: Auch hier herrschte Wanderlangeweile. Ein Nationalpark-Ranger (toller Halb-Anglizismus, die Jungs haben fast so schicke Uniformen wie ihre amerikanischen Kollegen) hielt mit seinem Auto neben uns und fragte, ob wir uns zurechtfinden würden. Das war aufmerksam, aber der Weg war beim besten Willen nicht zu verfehlen. Lena hätte es noch netter gefunden, wenn uns der Ranger ein Stück mitgenommen hätte. So blieb ihr nur die Flucht in Phantasiewelten. Wie könnte ein idealer Erlebnisweg aussehen? An verschiedenen Wegkreuzungen müssten Ausleihpferde zur Verfügung stehen, die man nach einigen Kilometern wieder zurückgeben könnte. Die Wanderwege müssten auf jeden Fall gefährlich und nur geeignet für 12- bis 35-Jährige sein. Kleine Schluchten müssten auf wackligen Holzbrücken und an Seilen überwunden werden. Oder man müsste sich an Felsen entlanghangeln. Vielleicht hätte ihr das ursprüngliche Militärübungsgelände der Roten Armee besser gefallen?

Auch ein kurze Zeit später entgegenkommendes, Kaugummi kauendes, pubertierendes Etwas mit ins Gesicht gezogener Kappe schien nicht sonderlich angetan vom samstäglichen Hainich-Ausflug mit seinen Eltern.

Acht Kilometer nach unserem Start wurde der Weg endlich etwas besser. An der Wanderhütte Hellmund-Stein bog der

Rennstieg halb links in den Wald hinein. Dort wuchsen am Wegesrand kleine Blumen mit weißen Blüten. Lena tippte auf Schneeglöckchen, war sich aber nicht sicher. Ich sollte doch unbedingt ein Wanderpärchen fragen, das sich uns näherte, drängte sie, die würden so aussehen, als wüssten sie, was im Hainich wächst und blüht. Ich hatte aber keine Lust zu fragen, es war mir zu peinlich. Und meine 14-jährige Tochter würde sich auch nicht trauen. »Was bekomme ich, wenn ich frage?« – »Nix«, antwortete ich. Überraschenderweise hat Lena die beiden, als sie auf gleicher Höhe waren, doch noch gefragt. Die »Schneeglöckchen« waren Märzenbecher. Die Wandersfrau zeigte uns noch ein Bündel Bärlauch, das sie gepflückt hatte. Wir bedankten uns für die Informationen und hatten endlich etwas zu tun. Den Bärlauch, den wir nun selber sammelten, wollte ich daheim in

Köln zu Bärlauch-Pesto verarbeiten. Ich musste aber Abstand von diesem Vorhaben nehmen, als ich sah, wie kümmerlich das Häufchen Bärlauch im Kühlschrank aussah. Ich hätte keine vier Wochen verstreichen lassen sollen.

Hinter dem Craulaer Kreuz (leider, wie die meisten »Denkmäler« im Hainich, nur eine Nachbildung) endete der schöne Weg. Über eine nasse, sumpfige Wiese ging es bergab Richtung Baumkronenpfad. Den Kilometerangaben darf man an dieser Stelle im Übrigen nicht

Meine Tochter, der Wander-Eminem: 8 Mile durch den Hainich

vertrauen. Am Craulaer Kreuz waren es noch sechs Kilometer bis zum Baumkronenpfad gewesen, 50 Meter weiter waren es nur noch fünf. Super, wir schritten mit Siebenmeilenstiefeln voran. Auf der ungeschützten Wiese pfiff der Wind durch unsere Klamotten, und Lena sah mit Mütze und darübergezogener Kapuze aus wie ein Wander-Eminem (wenn Eminem wandern würde, was der aber bestimmt nicht in seinem Rapper-Repertoire hat). Wir erreichten das letzte Waldstück unserer Wanderung, den Langensalzaer Stadtwald. Wir stapften durch den Schlamm, bis wir den Naturpfad Thiemsburg erreichten. Der klebrige Lehm ließ nach wenigen Schritten die Beine schwer werden. Wie bei den mittlerweile aus der Mode gekommenen Buffalo-Schuhen hatten wir zehn Zentimeter dicke Lehmsohlen unter den Füssen. Diese Lehmklumpen fielen auch nicht ab, als wir weitergingen. Wir mussten uns gegenseitig, wie wir das von Pferdehufen gewohnt sind, die Schuhsohlen mit Steinen auskratzen.

Hainich-Highlight: Bärlauchsammeln

Auf diesen Stelzen ruht der Baumkronenpfad.

Lenas Enttäuschung über den Baumkronenpfad begann schon, als wir ihn das erste Mal erblickten. Ein massiver Turm aus Beton mit einer roten Aussichtsplattform ragte in den Himmel. In zehn Meter Höhe führte auf dicken Stelzen ein 300 Meter langer Rundweg durch die Baumkronen. Lena hatte keinen Weg, gesichert wie eine Magnetschwebebahn, sondern eine wacklige Holzbrücke erwartet. Mir war es ganz lieb, so wie es war.

Dass es überhaupt so etwas wie Baumkronenforschung gibt, hatte ich in der ZEIT gelesen. Diese Wissenschaft ist ziemlich jung und versucht, in luftiger Höhe zu erkunden, was vom Boden aus nicht zu erkennen ist: den Kampf um Licht und Sonne. Es geht nämlich ziemlich ruppig dort oben unter den Baumkronen zu, bei windigem Wetter schlagen die Äste der verfeindeten Bäume aufeinander ein, und der Stärkere gewinnt. Und wenn so eine Buche (diese Baumart herrscht im Hainich vor, und eine Buche erkenne sogar ich, da eine direkt vor unserem Esszimmerfenster steht, also eigentlich viel zu nahe am Haus, aber das ist ein anderes Thema), wenn so eine Buche also zu klein gerät, stirbt sie ab, da sie kein Sonnenlicht mehr abbekommt.

Lena und ich stiegen die Wendeltreppe an der Außenseite des Betonturms hinauf. In zehn Meter Höhe begann der Rundweg. Vom Turm wegführend stieg er leicht an. Wir gingen durch die Baumwipfel hindurch, und es war schon interessant zu sehen, welche Bewegung hier herrschte. Kein Ast und kein Zweig stand still, sondern alles wiegte sich im Wind. Wenn im Sommer dann noch Blätter an den Bäumen sind, ist es wahrscheinlich noch spektakulärer. An der höchsten Stelle (24 Meter hoch) des Baumkronenpfades hätte sich Lena am liebsten nach unten gestürzt. Vorausgesetzt, unter uns wäre Wasser gewesen. Ich dagegen musste Schwindelanfälle unterdrücken und klammerte mich am Geländer fest, kaum dass ich einen Blick nach unten riskierte. Aber man sollte ja in die Baumkronen schauen.

Nach drei Minuten auf dem Rundweg hatten wir den mächtigen Betonturm wieder erreicht. Am Ausgang wird man durch ein Andenkengeschäft geschleust. Dort sah ich einen Prospekt über den Hainich mit dem Titel »Urlaub rund um den Urwald«. Man kann sich wirklich jedes Wandergebiet in Deutschland schönreden, aber nach den vielen Kilometern auf elend langweiligen Wegen fragten wir uns schon, ob wir den »Urwald« übersehen hatten. Mit Urwald war tatsächlich der kleine Bergrücken gemeint gewesen, den wir an diesem Tag durchwandert hatten. Aber ob man den ein oder anderen umgestürzten Baumstamm als »Urwald« bezeichnen muss? Ich weiß nicht. Man hätte sich schon gewünscht, dass ein Wanderweg auch mal durch das Unterholz führt und nicht an ihm vorbei. Und wenn ich mich im Hainich umsah, musste ich zugeben, dass ich schon vielen Wanderwegen unrecht getan hatte. Vielleicht wäre es in Deutschlands Mitte schlauer gewesen, erst einmal ein für Wanderer lustvolles Wegenetz zu erstellen und dann markige Marketingsprüche von der Urwüchsigkeit der zu erwartenden Natur zu entwerfen. Für Radwanderer sind die Wege ganz nett, aber zu Fuß sind sie eine Qual. Ein gnadenloser Wanderkritiker, als ich es bin, würde jetzt einfach sagen: Der Hainich ist grauenhaft, der Hainich ist ein Flop. Das wäre aber ungerecht. Wenn man zufällig in der Nähe ist, sollte man dem Baumkronenpfad einen kurzen Besuch abstatten. Dort kann man auch mit dem Auto hinfahren, und er ist einen schönen Tagesausflug wert. Aber passionierte Streckenwanderer sollten vom Hainich nicht zu viel erwarten.

Aufführungslänge

15 Kilometer

Aufführungsdauer

4 Stunden, 48 Minuten

mit einer 44-minütigen Pause

Programmheft

»Südliches Eichsfeld, Hainich, Werratal«, 1:50.000.

Eine Karte, auf der alle Sehenswürdigkeiten verzeichnet sind,

mit der man sich nicht verlaufen kann.

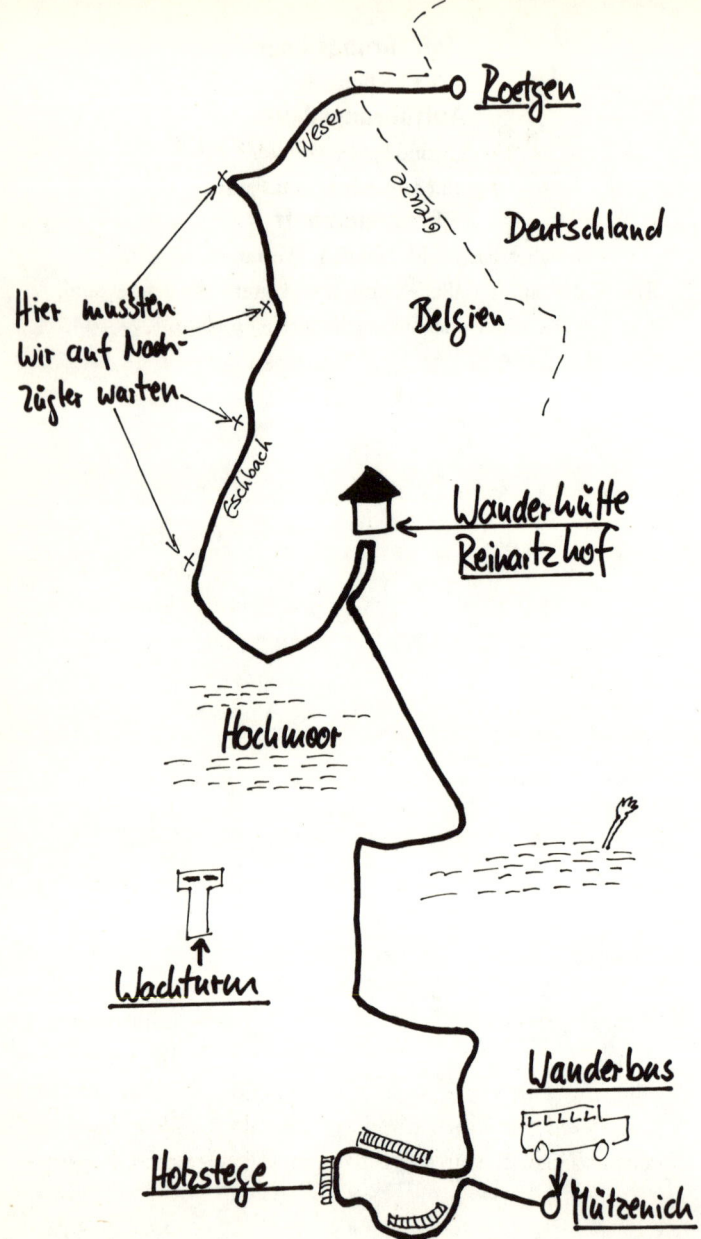

Roetzen

Weser

Deutschland

Grenze

Belgien

Hier mussten
wir auf Nach-
zügler warten.

Eschbach

Wanderhütte
Reinartzhof

Hochmoor

Wachturm

Wanderbus

Holzstege

Mützenich

Mit dem Eifelverein im Hohen Venn

EIN TRAGIKOMISCHES SCHAUSPIEL

Personen

Susanne	Mitglied im Eifelverein Roetgen
Markus	Ihr Mann und mein bester Freund
Bruno	Der Belgier
Manfred	Der große Vorsitzende
Dieter	Diplom-Naturführer
Petra	Medienwartin des Eifelvereins
Guido	Der Tapfere
Peter und Christine	Die Luftikusse

Drei Holländer
Eine Geisterfahrerin

Schauplatz ist das Hohe Venn, die Zeit März 2006.

In den vergangenen Jahrhunderten hat die Sozialisation des
»Wanderers« einige Metamorphosen durchlebt, und diese
Entwicklung ist bis heute nicht abgeschlossen. Der roman-
tische Wanderer im ausgehenden 18. Jahrhundert, der erste
Genusswanderer, war ein Einzelner, der Ego und die gött-

liche Natur zu verbinden versuchte. Diese Form des Wanderns setzte sich im 19. Jahrhundert weitgehend durch. Das 20. Jahrhundert sollte das Jahrhundert der Gruppenwanderer werden. Die Wandervögel entdeckten den Herdentrieb. Die große Gruppe, die Gemeinschaft war Quelle ihres Wandervergnügens. Zusammen sang man und erlebte gemeinsam die Natur. Von 1950 bis in die späten 70er Jahre wurde vornehmlich im Kreis der trauten Familie gewandert. Heute geht der Trend wieder in Richtung Vereinzelung: Man trifft den Wanderer allein oder in kleineren Gruppen, bestehend aus guten Freunden oder – entsprechend der demographischen Entwicklung – der kleiner gewordenen Familie. Die Gruppenwanderung befindet sich wandersoziologisch betrachtet auf dem Rückzug. Aber es gibt sie natürlich noch, besonders in den großen Mittelgebirgsvereinen.

Mit dieser Tradition ist Susanne aufgewachsen, die Frau meines besten Freundes Markus. Seit fast 30 Jahren ist sie Mitglied des Eifelvereins. Schon mit 13 Jahren war sie in der Jugendgruppe ihres Heimatortes Roetgen, südlich von Aachen, aktiv. Roetgen (gesprochen Rötchen wie Brötchen ohne »B«) liegt an der Grenze zu Belgien.

Susannes Jugendgruppe schneiderte vor Karneval Kostüme, nach Karneval wurden die Zelte für die traditionelle Sommerfahrt nach Frankreich geflickt und vor Weihnachten für den Adventsbasar gebastelt. Gewandert wurde wenig. Nur drei Wandertouren pro Jahr waren vorgeschrieben. Meine eigene Zeit in der Jugendgruppe der Katholischen Studierenden Jugend habe ich auch eher mit Partys, Spielen und Fußball verbracht, für die Belange des Glaubens blieb da nicht mehr viel Zeit. Für Susanne, mich und andere unserer Jahrgänge war es einfach normal, wöchentlich in eine Jugendgruppe zu gehen.

Susanne war immer noch Mitglied im Eifelverein Roetgen. Über ihre Kontakte hatte sie für uns eine Tour organisiert: eine geführte Wanderung durch das Hohe Venn.

Ende März, an einem Sonntagmorgen, holten mich Susanne und Markus mit dem Auto ab. Für die meisten Menschen wohl das Selbstverständlichste der Welt, ich allerdings fahre sonst nur mit öffentlichen Verkehrsmitteln. Und wahrscheinlich tue ich gut daran, denn wie gefährlich Autofahren ist, stellte ich fest, als kurz hinter dem Kreuz Aachen eine Geisterfahrerin auftauchte. Die entgegenkommenden Scheinwerfer hatten mich irritiert. Ich kannte die Warnmeldungen im Radio für diese Fälle, doch erlebt hatte ich so was noch nie. Nun gut, die Autobahn war sehr leer, und die junge Frau hatte sich wohl gedacht, es wäre angebracht, auf dem Standstreifen gegen die Fahrtrichtung zu fahren. Als alter Psychologe wusste ich, was passiert war, als ich einige 100 Meter weiter das belgische Staatswappen sah. Die junge Frau hatte sich so erschrocken, schon in Belgien zu sein, dass sie auf der Stelle kehrtmachte: Da will ich nicht hin!

Die Geisterfahrerin war schon ungewöhnlich gewesen, wirklich beunruhigend fand ich aber etwas anderes: An diesem Morgen war ich zu einer Wanderung ins Ungewisse aufgebrochen. In den letzten Jahren hatte ich sämtliche Wanderungen stets selbst geplant. Heute war ich ohne Karte und ohne einen blassen Schimmer, wohin es gehen sollte, unterwegs.

Auf dem Roetgener Marktplatz trafen wir bei bedecktem Himmel 18 Wanderfreunde zwischen 18 und 72 Jahren. Susanne kannte alle mit Vornamen und stellte mich vor, da ich der einzige »Gastwanderer« war. Schon kurz nach Beginn der Wanderung erreichten wir belgisches Gebiet, den an Roetgen angrenzenden Ort Raeren (gesprochen: Raren).

An dieser grünen Grenze war viele Jahrzehnte Schmuggel ein großes Thema gewesen. In Zeiten eines vereinten Europas war das lange vorbei. Die gesamte Gruppe ging auf einem schmalen Pfad hintereinander Richtung Westen an der Weser entlang und später weiter auf dem Grat des Weserbergs. Weser, Weserbergland? Hatten wir uns verlaufen? Nein, der Berg und der Fluss haben natürlich nichts mit dem Strom zu tun, der durch Hameln und Bremen fließt und in die Nordsee mündet.

Von Petra, einer energischen Dame in den Fünfzigern und Medienwartin des gesamten Eifelvereins (im Eifelverein wird alles gewartet, die Wege und auch die Medien), erfuhr ich, dass der Verein 162 Ortsgruppen mit insgesamt 30.000 Mitgliedern hat. Sie selbst war Wanderführerin in der Ortsgruppe Roetgen. Jedes Jahr werden zwischen 20 und 25 Wanderungen im Umkreis von 30 Kilometern veranstaltet. Die meisten Wanderungen sind Halbtagswanderungen von acht bis zehn Kilometer Länge. Damit gerade ältere Mitwanderer nicht überfordert würden, erklärte Petra. Der Altersschnitt an diesem Tag lag bei ungefähr 60 Jahren und war damit für eine Wanderung des Eifelvereins, wie mir versichert wurde, außerordentlich niedrig. Wer die meisten Veranstaltungen (nicht Kilometer) im Jahr mitgemacht hat, wird geehrt. Die drei fleißigsten Wanderer bekommen bei der Adventsfeier einen Printenmann, die regionale Spezialität.

Petra hatte mein erstes Wanderbuch gelesen und war mit meinem donquichottesken Kampf gegen die immer beliebter werdenden Wanderstöcke nicht einverstanden. Ich würde übersehen, sagte Petra, dass mit zunehmendem Alter auch Knie-, Gelenk- und Hüftschmerzen häufiger würden und Stöcke dann eine große Hilfe seien. Nun gut, mit verschreibungspflichtigen Wanderstöcken bin ich einverstanden.

Nach der Weser folgten wir dem Eschbach. Es ging aufwärts dem Venn entgegen, meist über enge Waldpfade, direkt am Ufer des reißenden Bachs. Seit drei Tagen hatte der Winter sich verabschiedet, und das Schmelzwasser ließ den Wasserpegel steigen. Zu Beginn der Wanderung hatte ich mich eher im hinteren Teil des Wanderfeldes aufgehalten, nun lief ich mit Bruno, dem Belgier, voran. Bruno erzählte mir stolz von »seinem« Königreich und davon, dass das Venn-Gebiet lange zu den spanischen Niederlanden gehört hatte. Selbst ein Ortsteil von Raeren heißt bis heute »Spanisch«. Als dann die Niederlande an Österreich fielen, kam das Venn-Gebiet zu Belgien.

Naturgemäß gibt es bei einer Gruppenwanderung unterschiedliche Gehgeschwindigkeiten. Immer wieder schießen forsche Wanderer über das Ziel hinaus und verpassen so die

Petra hatte mit ihrem Rucksack versehentlich ein Wegeschild umgerissen. Jetzt versuchte die Gruppe mit vereinten Kräften, das Schild wieder aufzustellen. Es misslang übrigens.

geplante Wegabzweigung. Selber schuld, denn wenn man auf diese Art und Weise verlorengeht, muss man sich auf eigene Faust in die Heimat durchschlagen. Ohne Gruppe. Und auf die Nachzügler, auf die muss man immer warten. Man kann davon ausgehen, dass man bei einer Gruppenwanderung ungefähr alle 1.000 Meter stehenbleibt, damit sich die gesamte Gruppe wieder vereint. Das dauert durchschnittlich handgestoppte 180 Sekunden und versaut einem gründlich die Wanderdurchschnittsgeschwindigkeit. Bruno versicherte mir aber, dass nur erfahrene Wanderer an diesem Tag dabei wären, die sogenannten »Fußlahmen« hätte man zu Hause gelassen. Bruno selbst hatte die heutige Venn-Tour mit drei anderen vorgewandert. Eine Gruppenwanderung wird grundsätzlich vorgewandert. Ich kenne das überhaupt nicht, sondern stürze mich nach Kartenlage ins Abenteuer. Meistens gehe ich allerdings Strecken, die gut markiert sind, sodass der Weg nicht zu verfehlen ist. Bei Gruppenwanderungen sind die Führer alleine schon deshalb zum Vorwandern gezwungen, um nicht eine maulende Truppe im Rücken zu haben, weil man sich verlaufen hat. Trotzdem gibt es zahllose Geschichten über im Wald umherirrende und sich im Kreis drehende Wandergruppen. Herausgefunden haben sie aber immer noch.

Vor zwei Wochen hatte Bruno keine Probleme beim Überqueren des Eschbachs gehabt, überall hatte noch Schnee gelegen und der Bach wenig Wasser geführt. Über einige herausragende Steine war man relativ leicht auf die andere Seite gelangt. Jetzt musste man schon vom anderen Ufer sprechen. Jeder musste hier selbst sehen, wie er über den Bach kam. Alle Wanderer mit hohen Gummistiefeln liefen einfach mittendurch. Andere balancierten mit Hilfe von Stöcken auf querliegenden Baumstämmen zur anderen

Eine wichtige Warnung vor Tauwetter. Aber was ist Degel? Tauwetter auf Französisch? Blutsauger im Hochmoor? Feuchte Haare? Dieses rätselhafte Venn!

Seite, eine Frau ging barfuß durch das Wasser. Ich wagte, auf meine gewaltige Sprungkraft vertrauend, den Sprung über den reißenden Bach. Der Satz über gefühlte fünf Meter gelang, und ich wurde fortan »Air« Andrack oder »Bob Beamon des Hohen Venns« genannt.

Unter einer riesigen, 150 Jahre alten Fichte legten wir eine kurze Trink- und Snackpause ein. Obwohl es sich fast ausschließlich um Wanderprofis handelte, wie Bruno mir versichert hatte, fiel nun allen auf, dass Christine und Peter gänzlich unbedarft ohne Wanderverpflegung losmarschiert waren. Vom Rest wurden sie netterweise durchgefüttert. Das war echte Gruppensolidarität.

Zehn Minuten später traten wir aus dem Wald hinaus und gingen entlang einer flachen, hellen Fläche mit wenigen

115

Bäumen und Büschen: Das war das Venn. Das Hohe Venn (auf Französisch: Hautes Fagnes) ist ein Hochplateau. Venn heißt auf Niederländisch Moor, und damit ist auch schon das Hauptmerkmal dieses Gebiets beschrieben. Im Internet hatte ich gelesen: »Das Hohe Venn ist ein für Europa einzigartiges Hochmoorgebiet, der Naturpark ist ein überdimensionaler Wasserspeicher.« Und Wasser gab es reichlich. Es nieselte leicht, dunstige Nebelfelder hingen über der feuchten Landschaft, und der Wind pfiff über die Ebene. Richtiges Moor-Wanderwetter. Ich konnte mir lebhaft vorstellen, wie Menschen sich hilflos im Moor verirren und die blassen Arme der Moorleichen aus dem schwarz-brackigen Wasser ragen.

Wir blieben zunächst am Rand des Venns. Der Weg quer durch das Moor war für drei Monate wegen Vogelbrut gesperrt. Wenn es da überhaupt Vögel gab! Der kundigste Kenner diesbezüglich war der diplomierte Naturführer Dieter, der jeden Grashalm und vor allem die hier anzutreffenden fleischfressenden Pflanzen persönlich kannte. Und Dieter hatte sogar das berühmte und total schützenswerte Birkhuhn von Weitem gesehen. Einmal in den bereits 50 Jahren, in denen er im Venn unterwegs gewesen war! Dieter besaß sogar Zutritt zur Zone C. Man muss sich das so vorstellen: Wie das Nachkriegsdeutschland ist das Hohe Venn in vier Zonen unterteilt. In Zone A darf sich jeder frei bewegen, in Zone B muss man immer auf den Wegen bleiben, die Zone C darf man nur zusammen mit einem Naturführer betreten, und in Zone D darf keiner so ohne Weiteres rein. Die Zone D ist somit die Sowjetische Besatzungszone des Venns. Wir wanderten meistens in Zone B auf bewiesten, schnurgeraden Wegen am Venn-Rand.

Unsere Wanderführer hatten geplant, die Mittagspause in einer Wanderhütte zu verbringen. 300 Meter vor der Hütte kamen wir zu einer Stelle im Wald, an der sich vor einigen Jahrzehnten noch ein kleines Dorf befunden hatte. Dieter hatte in seiner Umhängetasche ein Foto von 1957 dabei. Wir sahen ihn als Zehnjährigen genau an der Stelle, an der wir uns nun befanden, im Gras sitzen. Allerdings war hinter dem Jungen von damals ein Bauernhof, der Reinartzhof, zu sehen. Heute lagen hier nur noch Mauerreste. Im Mittelalter hatte an diesem Ort ein mönchischer Einsiedler gelebt, um den Pilgern an der Strecke Aachen-Trier mit einer Glocke den Weg durch den Nebel zu weisen. Später wurden hier drei Bauernhöfe erbaut und bis 1971 bewohnt.

Wir waren inzwischen über drei Stunden unterwegs, und es wurde wirklich Zeit für die Mittagspause. Die trockene und komfortabel geräumige Blockhütte war allerdings besetzt. Drei holländische Wanderer hatten in der Hütte übernachtet. Nun putzten sie sich schnell die Zähne und packten ihre überdimensionierten Rucksäcke. Aber mal unter uns: Was sind das denn bitte schön für Wanderer, die um 13 Uhr zu ihrer nächsten Tagesetappe aufbrechen? So viel kann man am Vorabend gar nicht gesoffen haben, dass man erst so spät in die Puschen kommt.

In der Hütte verzehrte ich meine beiden Salamibrötchen, und Markus und Susanne gaben mir ein hartgekochtes Ei ab. Zum Nachtisch wurde leckere Kölner Karnevalsschokolade gereicht. Und als Digestif gab es einen Kräuterbitter. Der große Vorsitzende der Eifelverein-Ortsgruppe Roetgen, Manfred, hatte ein paar Plastikschnapsgläschen mitgenommen und spendierte original Venn-Schnaps, hergestellt aus der Wermut-Pflanze.

Feuchte Natur, so weit man blicken und spüren konnte. Hier gab es in einem Umkreis von zehn Kilometern keine bewohnten Siedlungen, nur Natur. Endlich durften wir direkt ins Moor. Keine Vogelbrut und keine Brandgefahr. Im Sommer darf bei großer Trockenheit keiner mehr rein. Rote Fahnen markieren die Sperrgebiete, so wie an Nord- und Ostsee bei aufgezogenem roten Ball niemand ins Meer darf. Um eventuelle Brandherde zu kontrollieren, hat die belgische Forstverwaltung riesige Wachtürme aufgestellt. Von dort aus wird beobachtet, ob sich alle Wanderer an die Verbote halten. Bei Nichtbeachtung werden hohe Geldstrafen verhängt. Geschossen wird nicht, auch nicht in Zone D.

Schmale Holzstege führten über eine wasserbedeckte Fläche. Auf den glatten, 30 Zentimeter breiten Bohlenwegen musste man höllisch aufpassen, um nicht abzurutschen. Rings um die Holzstege gurgelte und sprudelte es. Susanne sagte, dass sie noch nie solche Wassermassen im Venn erlebt

Der Sturz war nicht so lustig, wie es aussieht. Tiefe Fleischwunde, große Schmerzen.

hätte. Schon an normalen Tagen ist es sehr nass im Venn. Heute glich die Moorwanderung einer Wattwanderung.

Nach der Holzstegpassage ging es ungefähr drei Kilometer über Forstwege und breite Waldschneisen zu einem weiteren Moorgebiet. Dort hatte Guido einen Schwächeanfall. Der Vorsitzende Manfred berichtete mir, dass Guido wohl schon länger unter Herzrhythmusstörungen leide. Er wäre aber noch am vorherigen Tag beim Arzt gewesen, und der hätte keine Einwände gegen die Wanderung gehabt. Guido sah gar nicht gut aus, und es wurde in Roetgen angerufen, damit ein Nachbar ihn mit dem Auto abholen komme. Wir warteten, und bevor Guido in das Fahrzeug einstieg, konnte er schon wieder lachen. »Schöne Scheiße, was?«, sagte er und schüttelte mir zum Abschied kräftig die Hand.

Wahrscheinlich ist ein solcher Zwischenfall bei einer Gruppenwanderung nicht ungewöhnlich. Je größer die Gruppe ist, desto größer auch die Wahrscheinlichkeit, dass etwas Unvorhergesehenes und auch Dramatisches passiert. Ein Sturz, und jemand kann nicht mehr weitergehen. Oder Sonnenstich, Verbrennungen, Allergieschocks, Orientierungslosigkeit und Demenz. Mitwanderer können einfach verlorengehen. Irgendwo müssen die Moorleichen ja herkommen.

Langsam näherte sich die Wanderung ihrem Ende, an Feldern vorbei, wo früher Torf gestochen wurde, liefen wir zu einem Wanderparkplatz. Ein Reisebus holte uns ab und fuhr uns zurück nach Roetgen. Ganz werde ich den Verdacht nicht los, dass man mich als gefürchteten Rundwanderwegekritiker mit dem Busservice glücklich machen wollte. In einer Gruppe wandert es sich eher schlecht inkognito. Man erzählte mir, dass man eigentlich Rundwanderwege bevorzuge, um wieder bei den Autos anzulangen, und mit öffentlichen Verkehrsmitteln war im deutsch-belgischen Grenzgebiet kaum eine Streckenwanderung zu planen.

Aus verschiedenen Gründen hatte ich die Wanderung sehr genossen. Im Venn herrscht absolutes Hundeverbot. Besonders stolz war ich, dass ich keine nassen Füße hatte. Auf der Hinfahrt hatten Susanne und Markus noch gespottet: »Mit Halbschuhen ins Venn, im März, man glaubt es nicht.« Aber meine neuen Wanderhalbschuhe waren dicht, und ich hatte mir keine Blasen gelaufen.

In Roetgen verabschiedete ich alle herzlich: Bruno, den Belgier mit dem großen Nationalstolz, Petra, die mich für die therapeutischen Vorteile des Wanderns mit Stöcken gewinnen konnte, Manfred, den Mann mit dem Gratis-schnaps, und Dieter, der vor 50 Jahren dem Venn verfallen war. Jetzt bin ich Venn-Fan. Obwohl ich eher der Typ für opulente Felsen- und Flusslandschaften bin, hatte mir die karge Moorlandschaft gefallen, und im Sommer komme ich bestimmt zurück (zu dieser Jahreszeit sollte man allerdings nicht bei Gewittergefahr wandern – keine Überlebenschance).

Venn-Fan

Ich weiß allerdings nicht, ob Gruppenwanderungen so mein Ding sind. Ich musste doch zu oft meine Ungeduld zügeln, wenn wir auf Nachzügler warteten. Ich werde wohl weiterhin am liebsten alleine oder mit wenigen Leuten wandern. Um vielleicht endlich das Birkhuhn zu sehen.

Aufführungslänge

Etwa 17 Kilometer

Aufführungsdauer

Etwa sechs Stunden

Programmheft

»Hautes Fagnes/Hohes Venn/Hoge Venen, Carte de Promenades/Wanderkarte/Wandelkaart«, 1:25.000

Wanderdating im Internet

Kann man seine große Liebe beim Wandern kennenlernen? Und wenn ja, wie stellt man das an? Alleine in den Wald gehen und darauf warten, dass einem der zukünftige Ehepartner über den Weg läuft, ist schon mal ein guter Anfang. Könnte etwas dauern, bis man auf den Richtigen oder die Richtige trifft. Und wie spricht man den- oder diejenige dann an? »Mein schönes Fräulein, darf ich wagen, meinen Arm und Geleit Ihr anzutragen«? Das hat schon beim Faust und dem Gretchen ins Unglück geführt. Deshalb sollte man wohl dem Glück etwas nachhelfen. Eine organisierte Wanderreise oder eine Gruppenwanderung wären sicher eine gute Möglichkeit, dem Menschen zu begegnen, mit dem man sich bis zum Lebensende oder zumindest einen gewissen, überschaubaren Lebensabschnitt zusammentun möchte.

Man kann aber auch im Internet nachschauen und in einem Wanderforum suchen. Zunächst natürlich nur einen Wanderpartner, aber vielleicht bleibt es ja nicht nur beim gemeinsamen Naturerlebnis. Das meistfrequentierte deutsche Wanderforum ist unter fernwege.de zu finden. In 99 Prozent der Fälle verabreden sich dort Wanderfreaks zu Mehrtagestouren (sehr beliebt sind Jakobsweg, Alpenüberquerung und Rheinsteig) oder zu regionalen Touren (»Wer hat Lust, am Wochenende im Raum Essen zu wandern?«), es gibt aber auch eindeutigere Anfragen. »Suche Bergkameraden für Hochtouren« gehört wahrscheinlich nicht dazu, aber dass Helmuth (38) eine jugendliche Wanderpartnerin unter 30 sucht, war für einige Mitglieder des Wanderforums schon

nicht in Ordnung. »Ist das jetzt eine Eheanbahnungsplatt-
form?«, fragte Nikolaus wenige Stunden später. Ob sich eine
Wanderpartnerin, die jung genug für Helmuth ist, gefunden
hat, entzieht sich meiner Kenntnis.

Eine richtige Kontroverse entfachte der Aufruf von
Walter, sich zum Nacktwandern im März zu verabreden. Er
bekam zunächst den Rat, sich für seine Absichten eine Part-
nerbörse zu suchen. Worauf Walter wütend entgegnete:
»Ein' an der Klatsche, oder was? Kannste nich' lesen? Es
wird kein Partner, sondern mehrere Leute gesucht!« Gut,
stilistisch ist der Mann kein Hermann Hesse. Obwohl *der*
schreiben konnte und nackt gewandert ist und dabei eine
hervorragende Figur machte. Ich sah kürzlich im »Spiegel«
ein Foto von 1910, das den Autor aus Calw an einer Fels-
wand im Adamskostüm zeigte.

Wenn schon die Literaten vor 100 Jahren nackt gewandert sind, dürfte das im Jahr 2006 nicht für Aufregung sorgen. Im Wanderforum von fernwege.de ging die Debatte
jedoch weiter. Michael glaubte, »dass der hier nicht richtig
ist. Außerdem ist es im März auch noch ganz schön kalt.«
Und Klaus gab gute Tipps: »Denk wenigstens an feste Wan-
derstiefel und ein nettes Schleifchen um den Schniedel-
wutz.« Walter, der Nacktwanderer, war dagegen eher hu-
morresistent: »Ich fass es nicht, bin ich hier tatsächlich im
Kindergarten gelandet. Dürft ihr überhaupt schon alleine
wandern?« Nachdem die Teilnehmerin »Vagabundin« ihm
später geraten hatte, in einem Nudisten-Forum zu inserie-
ren, hörte und las man nichts mehr von Walter.

Doppelt genäht hält besser, dachten sich wohl zwei Wanderer, die sich mit einem zusätzlich ins Netz gestellten Foto um
zwei nette Mitwanderinnen bewarben. Die beiden hatten
sich lässig auf die Unterarme abgestützt auf den Boden ge-

Hermann Hesse aus Calw

legt, die Wanderschuhe ragten in der Bildmitte den poten-
ziellen Betrachterinnen entgegen. Was die beiden wollten,
schrieben sie ziemlich unverblümt: »Wir sind beide Singles,
die gerne wandern und die Natur lieben. Wir würden dies
Erlebnis gern mit aufgeschlossenen Frauen teilen wollen.«

Ich weiß nicht, welche Frau keine weichen Knie und einen
sehnsuchtsvoll-schmachtenden Blick bekommt, wenn sie
liest, dass André (25) mit seiner romantischen Ader »eine
Bergfee sucht«.

Weniger auf ätherische Wesen, als auf handfeste Hochleis-
tungs-Frauen steht Roger: »Bin der Roger, 55 Jahre jung.
Welche durchtrainierte belastbare Sie will mich begleiten.
Tagesetappen von 40 Kilometer sollten ihnen nichts ausma-
chen. Auch jüngere Damen angenehm.« Ist doch ein klares
Anforderungsprofil.

Andreas sagt: »Hallo! Ich, 45, verheiratet (finde es trotzdem
anregender mit einer Frau zu wandern), suche Wanderpartnerin.« Vielleicht sollte mal jemand die Frau von Andreas
fragen, ob sie das auch »anregender« findet.

Auch Freunde der gleichgeschlechtlichen Liebe meldeten
sich im Wanderpartnerforum von fernwege.de: Britta, Va-
nessa, Dudi und Detlef (die Namen habe ich mir ehrlich
nicht ausgedacht) laden ein zum Schwulen- & Lesbenwan-
dern. »Hi Boys and Girls, wir haben viel vor. Es sollen etwas
andere Touren werden.« Klar.

Anscheinend ist Wandern ein Aphrodisiakum. Ich habe eine
Zuschrift zu meinem ersten Wanderbuch erhalten, in der
der Absender begeistert beschrieb, dass er seine besten

Touren immer mit Frauen gewandert wäre. Besonders schön wären die Nächte gewesen, schwärmte er. Und ein Bekannter aus meinem engeren Freundeskreis hat mir glaubhaft versichert, den tollsten Sex der Welt während einer mehrwöchigen Wandertour gehabt zu haben.

Es sollte aber nicht der Eindruck entstehen, dass im Internet nur jüngere und ältere Herren ihren Hormonstau beim Wandern auflösen wollen. Auch zwei Frauen aus der Pfalz suchten männliche Wanderbegleitung. Es ist ihnen von Herzen zu gönnen, dass sie Erfolg hatten.

Eher selten kommt es vor, dass Wanderinnen und Wanderer auf die doch zum Teil unmissverständlichen Kontaktanzeigen direkt antworten. Anders im Fall von Wolfgang. »Suche dauerhaft Wanderpartnerin für alles, was Spaß macht. Ich bin männlich, 56/170/86 (stark abnehmend). Noch ein Jahr arbeiten und dann dauerhaft frei.« Eine Frau mit dem Spitznamen Wander-Woman antwortete prompt begeistert und interessiert. Ich wünsche Wander-Woman und Wolfgang, W-W & W, eine lange und dauerhafte Wanderbeziehung und alles Gute, sollte sich mehr daraus ergeben.

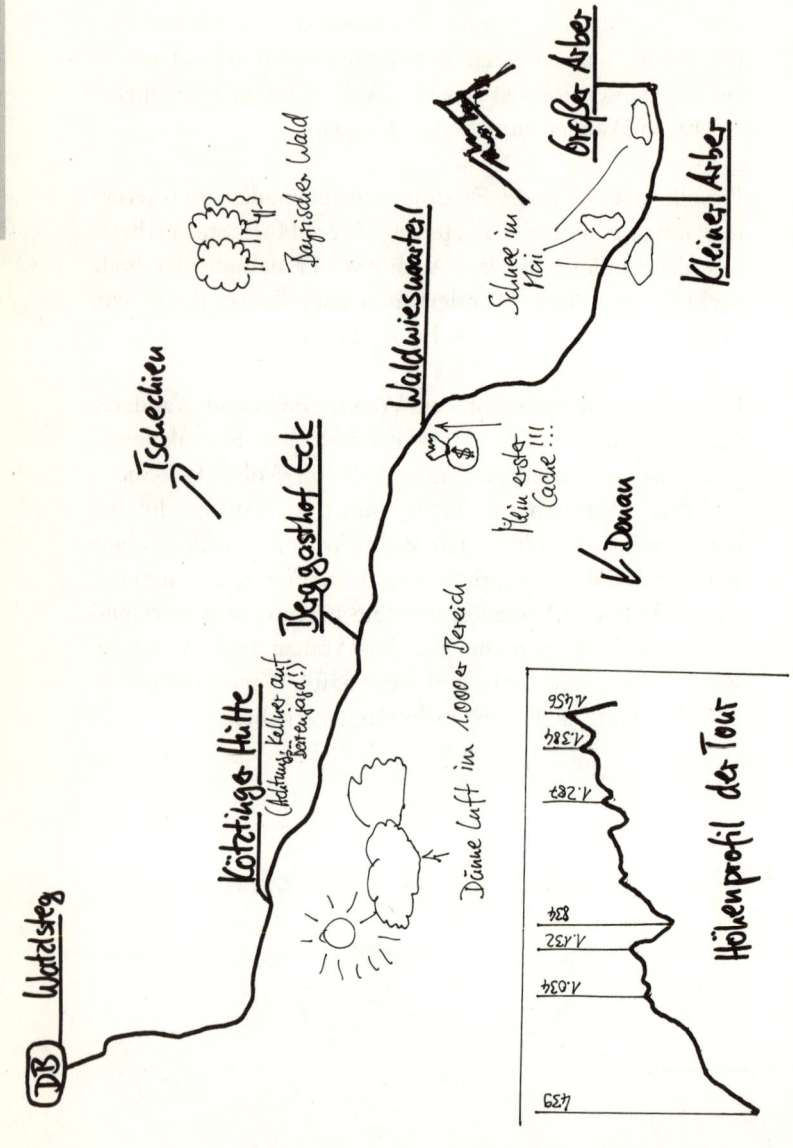

Höhenprofil der Tour

Zwölf Tausender

EIN BERGDRAMA

Personen

Victor	Schauspieler
Robert de Niro	Kellner
Stefan	Geo-Cacher aus Schiltach im Schwarzwald
Norbert	Stefans Kumpel

Schauplatz ist der Bayerische Wald, die Zeit Mai 2006.

Das deutsche Mittelgebirge in einer Höhe zwischen 1.000 und 1.500 Metern sollte man nicht auf die leichte Schulter nehmen. Viele, die das taten, mussten ihren Hochmut mit dem Leben bezahlen. Und wer kann denn schon von sich behaupten, alle deutschen Tausender bestiegen zu haben? Na also. Victor und ich hatten vor zwei Jahren den Brocken im Harz geschafft, was ein guter Anfang war.

Nun hatten wir uns vorgenommen, in zwei Tagen zwölf Tausender im Bayerischen Wald zu bezwingen. Höhepunkt sollte der zweithöchste deutsche Mittelgebirgsberg, der Große Arber, mit 1.456 Meter Höhe sein (der Feldberg im Schwarzwald ist 1.493 Meter hoch). Es hatte schon viele Erstbesteigungen des Großen Arbers gegeben, der erste Mensch, die erste Frau auf dem Arber, der erste Chinese usw. Wir wollten riskieren, als erste bartlose Nichtraucher aus Köln, die früher zusammen in der KSJ waren, den Großen Arber zu besteigen. Mit dem Zug über Nürnberg und Cham fuhren wir nach Watzlsteg in der Oberpfalz. Ich hatte lange Jahre nicht kapiert, wo genau Oberpfalz, Oberfranken und Oberbayern liegen. Wenn man mal da gewesen ist, fällt die geographische Einordnung nicht mehr schwer.

Wir starteten also am Haltepunkt Watzlsteg in 439 Meter Höhe. Kann eine Wanderung in Bayern an einem Ort mit schönerem Namen beginnen? Am ersten Tag unseres mörderischen Projekts wollten wir vier Tausender besteigen und zehn Kilometer zum Basislager, dem Berggasthof Eck, zurücklegen. Wir waren guten Mutes, doch als wir aus dem Schienenbus ausstiegen, trauten wir unseren Augen nicht. Die bestellten Sherpas waren nicht gekommen. Man hatte uns vorher gewarnt, dass viele Eingeborene hier den zwölf

Mist, wieder keine Sherpas am Watzlsteg.

Tausendern mythische Kräfte zuschrieben und es schwierig werden würde, zuverlässiges Personal zu finden. Trotz des erhöhten Risikos gingen wir auf eigene Faust los.

50 Meter vom Bahnhof entfernt, stießen wir auf den Fernwanderweg E6, der von der Ostsee bis zur Adria führt.

Die ersten beiden Stunden liefen problemlos, und wir erreichten unseren ersten Tausender, den Mittagsstein, auf 1.034 Metern. Kurz zuvor waren wir schon auf dem Kreuzfelsen gewesen, dessen Gipfel 999 Meter hoch war. (Sollte man dort nicht noch mal nachmessen, ob der Kreuzfelsen nicht doch einen Meter höher ist? Wahrscheinlich will man das aber gar nicht, sonst müsste man alle gusseisernen Höhenprofile, die am Wegesrand die zwölf Tausender zeigen, austauschen, und das wäre natürlich sehr teuer.)

Am Mittagsstein rasteten wir an einem Glockenturm, der auch als Kulisse in »Spiel mir das Lied vom Tod« hätte dienen können. Von vier hohen Steinsäulen getragen, hing unter einem Dach eine große Glocke. Der unglaubliche Ausblick zusammen mit dem stolzen Gefühl, die 600 Meter Höhenunterschied zu Fuß überwunden zu haben, und nicht mit Seilbahn oder Lift, sorgte für die erste Euphorie dieser Tour. Nach einer Viertelstunde brachen wir auf und machten 30 Sekunden später wieder Rast. Hier oben gab es ein Gasthaus – die »Kötztinger Hütte« –, und wir beschlossen, erst einmal zwei Halbe zu trinken. Der Kellner sah aus wie Robert de Niro und war auch so cool, als käme er direkt aus einem Scorsese-Film. Als wir bezahlten, schaute Robert de Niro mit einem riesigen Fernglas zum nächsten Berggipfel. Was er denn dort suche, fragte ich ihn. »Na, Bären«, antwortete er, »und Hirsche.«

Mit bloßem Auge konnte man ein paar bunte Jacken erkennen. Als wir wieder zehn Minuten gegangen waren, kamen uns einige Frauen entgegen. Ich vermute, das waren die Bären und Hirsche gewesen.

Inzwischen hatte es einen Wetterumschwung gegeben. Graue Nebelschwaden stiegen aus dem Tal empor, und es regnete stark. Wir kamen zu den Rauchröhren, einem Versteck der Landbevölkerung im 30-jährigen Krieg. Statt den Pfad direkt über die Felsen zu wählen, was eigentlich Victors und mei-

Alter Wanderscherz: Warum ist diese Kiefer mit einem weißen Ring markiert? Damit man zwischen Oberkiefer und Unterkiefer unterscheiden kann.

nem Draufgängernaturell entsprochen hätte, entschieden wir uns für die leichtere Variante. Vom Großen Riedelstein (1.132 Meter) ging es auf 834 Meter hinunter zum Berggasthof Eck. Zwei Skipisten führen direkt auf den Berghof zu, dazwischen fällt der Weg steil bergab. Ich konnte Victor auf dieser Strecke nicht mehr folgen, bei jedem Schritt hatte ich Schmerzen in den Knien.

Ich versuchte, in kleinen Kehren zu gehen, lieh mir von Victor Stöcke aus, aber nichts half. Entnervt kam ich fünf Minuten nach meinem Freund im Gasthof an.

In der Nacht wurde ich immer wieder von einem lauten Tropfen geweckt. Ich dachte, ich hätte den Wasserhahn nicht richtig zugedreht, war aber zu müde, um aufzustehen. Außerdem hörte das Tropfen meist nach wenigen Minuten wieder auf. Am nächsten Morgen entdeckte ich auf dem Fensterbrett eine große Pfütze, und Wasser war den Heizkörper entlang auf den Boden gelaufen. Es hatte in der Nacht durch das geschlossene Fenster geregnet, und der Blick nach draußen stürzte mich noch tiefer in die Depression. So etwas hatte ich zuletzt bei der Fernsehberichterstattung über Unwetter in der Karibik gesehen. Eine Regenwand im Nebel, kaum Licht, starker Wind. Die Tausendertour würden wir wohl nicht fortsetzen können. Entsprechend schlechtgelaunt kam ich zum Frühstück.

Neben Victor und mir saßen zwei Männer, etwa in unserem Alter. Ich fragte sie, ob sie auch zum Wandern hier wären. Klar, antworteten sie. »Auch bei dem Wetter?« Wir erfuhren, dass es auch am Vortag (als wir uns noch bei der Anreise befanden) bis zehn Uhr schlimm geregnet hätte, dann wäre es besser geworden. Könnte am heutigen Tag auch so sein, dachte ich mir und klammerte mich an diesen letzten Strohhalm Hoffnung. Wir beschlossen, gemeinsam mit Stefan und Norbert loszumarschieren. Kurz nach neun Uhr packten wir unsere Sachen und liefen in den nur noch nieselnden Regen.

Unser Aufstieg glich der Wanderung der Lachse. Der Weg war zu einem Bach geworden, zwischen den Steinen floss uns das Wasser entgegen. Später lasen wir in der Zeitung, dass es in Bayern das schlimmste Hochwasser seit 50 Jahren gegeben hatte. Und wir waren mitten durch die Ursache für die übervollen Flüsse gewandert.

Als wir eine knappe Stunde hinter Eck an unserem ersten Tausender dieses Tages ankamen, stürzte Victor zum Gipfelkreuz. Dort fand er in einem Kasten ein wasserdicht verpacktes Gipfelbuch. »Sensationell, das ist erst gestern hier deponiert worden, wir sind die Ersten, die hineinschreiben dürfen!« Gipfelbücher sind eine Art Poesiealbum der Berge. Victor kniete sich hin und begann, die ersten Zeilen in das nagelneue Buch zu schreiben. Ich weiß nicht, was er schrieb, denn ich folgte derweil Stefan. Der hatte schon die ganze Zeit auf ein GPS-Gerät gestarrt. Nur zur Erinnerung: Die GPS-Technik haben wir Ronald Reagan und seinem verunglückten »Star Wars«-Programm zu verdanken. Das Vorhaben, aus dem Weltraum heraus feindliche Raketen abzuschießen, wurde nicht zu Ende geführt, aber die ersten Satelliten verblieben im Weltraum. Seitdem gibt es Navigationssysteme nicht nur für Autos, sondern auch für Wanderer. Mir hatte sich nie wirklich erschlossen, warum es sinnvoll sein könnte, sich ein GPS-Gerät anzuschaffen. Es ist teuer (das Gerät von Stefan kostete inklusive Deutschlandkarte 600 Euro), und die Wege, die ich am liebsten gehe, sind (meistens) ziemlich gut ausgeschildert. Stefan benötigte das Gerät allerdings auch nicht als Wanderhilfe, sondern zum Aufspüren von Verstecken. Stefan war Geo-

Cacher. Er hatte am heimischen Computer die Koordinaten der Verstecke (Englisch: caches) entlang der zwölf Tausender eingegeben. Weltweit existieren 300.000 Caches, allein in deutschen Wäldern und Städten gibt es 14.000. Das Spiel Geo-Caching muss man sich wie eine Schnitzeljagd für große Jungs vorstellen.

Stefan und Norbert, die zwei Geo-Cacher aus dem Schwarzwald

Auf seinem GPS-Gerät konnte Stefan die Höhenmeter und die Entfernung zum Cache ablesen. Das GPS fungierte nun als Heiß-Kalt-Maschine wie beim Ostereiersuchen. Stefan starrte auf sein Gerät: »Es kann nicht mehr weit sein, neun Meter, acht Meter, zehn Meter, Mist, es muss doch in der anderen Richtung sein.« Als Stefan bis auf einen Meter an den Fundort herangekommen war, konnte er immer noch nichts entdecken. Er holte nun aus seinem Rucksack ein sogenanntes Spoilerbild. Dieses Foto hatte er daheim ausgedruckt, der »Betreuer« der Zwölf-Tausender-Caches-Strecke hatte Bilder der Verstecke ins Netz gestellt. Es gab also nicht nur Verrückte (Zitat Stefan »Ich hab einen Hau«), die im Wald nach Caches suchen, es musste auch die geben, die das Zeug verstecken. Meistens, erklärte Stefan uns, macht man beides. Er suche gerne, würde aber auch selber Caches verteilen – aber nur bei ihm zu Hause. Anhand des Bildes identifizierte Stefan einen großen Stein als Versteck, krabbelte um ihn herum und zog triumphierend eine kleine Plastiktüte hervor. In der Plastiktüte war ein verschließbarer Gefrierbeutel und darin ein kleines blaues Plastikkästchen. Stefan entnahm ein Logbuch und trug Fundzeit und »Artigste Grüße« ein. Danach versteckte er den Cache wieder sorgsam. »Nichts ist ärgerlicher als geklaute Caches.« Verständlich. Dann wurde noch schnell ein Foto gemacht, und weiter ging es.

Seit 2000 gibt es Geo-Caching, seit Herbst 2004 ist Stefan dabei, und so leben anscheinend Tausende Mitmenschen in einem Paralleluniversum, ziehen durch die Wälder und verstecken Kästchen und suchen und entdecken und verstecken und suchen weiter.

Es hatte aufgehört zu regnen. Der Wandergott (den gibt es, wie angeblich auch den Fußballgott, obwohl ich an dessen Existenz langsam nicht mehr glauben mag) hatte sich unser erbarmt. Diese moderne Schnitzeljagd begann mich zu interessieren. Stefan zeigte mir das Spoilerbild des nächsten Verstecks an dem Gipfel mit dem schönen Namen Waldwiesmarterl. Es war ein Baumstumpf auf dem Bild zu sehen gewesen. Am Gipfel angekommen, standen da bestimmt 20 von diesen Baumwurzeln. Während die anderen drei links des Weges suchten, erblickte ich einen kleinen Baum genau wie auf dem Foto und kurz darauf (auch ohne die Hilfe des

Links ein Cache, rechts ein GPS-Gerät

GPS) den Holzstumpf. An einer Seite lehnte ein Holzstück
an der Wurzel. Das nahm ich weg, griff tief unter die Wurzel und förderte einen kleinen Plastikbeutel zutage. Außer
dem Logbuch fand sich noch allerlei Krimskrams in dem
blauen Kästchen. Eine Trillerpfeife, einige Murmeln und ein
Panini-Fußball-Sammelbildchen mit Per Mertesacker. Man
durfte einen Gegenstand entnehmen, wenn man ihn durch
einen neuen ersetzte und das im Logbuch notierte. Ich nahm
die Murmeln heraus (konnte man immer gebrauchen) und
holte aus meiner Brieftasche ein 15 Jahre altes Passfoto. Fast
so wertvoll wie ein Bildchen von Per Mertesacker.

Beim Geo-Caching erlebt man die Wanderung nicht
mehr als Ganzes, sondern der Weg ist in kleine Häppchen
aufgeteilt. Nach jedem gelösten Rätsel erfuhren wir von
Stefan, wie weit es noch bis zum nächsten Cache ist. Dann
gingen wir eine halbe Stunde, zehn Minuten Cache-Suchen
und weiter. Das alles gefiel vor allem Victor. Aber nicht nur

das Spiel, sondern auch die schmalen Wege mit Steinen und Wurzeln, die steilen Anstiege, die wilde Natur. Diese anspruchsvolle Tour war genau nach seinem Geschmack.

Wir rasteten am vorletzten Tausender. Stefan und Norbert machten eine längere Pause und wollten später auf dem Großen Arber übernachten. Victor und ich mussten uns beeilen, um die letzte Seilbahn um 16.30 Uhr zu erwischen. 600 Höhenmeter zu Fuß hinunter, darauf konnte ich heute sehr gut verzichten, und so verabschiedeten wir uns von den Schatzsuchern. Ohne die beiden wären wir an diesem Tag wohl nicht losgewandert und hätten so einen aufregenden Wanderweg verpasst.

Beim Anstieg zum Großen Arber blickten wir zurück: Wie auf einer Schnur aufgereiht lagen dort die Tausender, die wir an den beiden Tagen hinter uns gebracht hatten. Ein gutes Gefühl. Durch vereinzelte Schneeflächen (wir hatten Ende Mai!) gingen wir schnurgerade berghoch. Heute wählten wir keine bequemen, leichten Wege, die uns immer wieder auf Schildern angeboten wurden. Wir waren Gipfelstürmer. Jeder lief und kletterte so gut er konnte. Oben war mindestens Windstärke acht auf der nach oben offenen Windstärkenskala. Wir hatten es geschafft. Wir hatten an zwei Tagen zwölf Tausender als erste bartlose Nichtraucher aus Köln, die früher zusammen in der KSJ waren, bezwungen und gleichzeitig eines der großen Abenteuer der Menschheit erlebt, das Geo-Caching. Immer wenn ich in Zukunft eine Plastiktüte im Wald sehen werde, werde ich nicht automatisch über schlimme Umweltsünder schimpfen. Vielleicht hat ja ein ungeschickter Geo-Cacher sein Versteck etwas schlampig gewählt. Wenn Sie einmal zufällig einen Cache finden sollten, legen Sie ihn bitte wieder an die

Fundstelle zurück, sonst werden große Spielkinder wie Stefan und Norbert enttäuscht. Und das wäre doch schade.

Aufführungslänge
18 Kilometer
Aufführungsdauer
10 Stunden, 31 Minuten mit Pausen
von insgesamt anderthalb Stunden
Programmheft
Neben der Karte »Naturpark Oberer Bayerischer Wald, östlicher Teil«, 1:50.000 natürlich das GPS-Gerät von Stefan. Dieses technische Wunderwerk zeigte die Zeit im Stand, den Schnitt in Bewegung, die Zeit in Bewegung und den Gesamtschnitt an. Außerdem ein Höhenprofil der zurückgelegten Gipfel. Für einen Statistik-Fan wie mich ein Traum. Allein wegen dieses Datenschnickschnacks überlege ich mir, doch ein GPS-Gerät anzuschaffen.

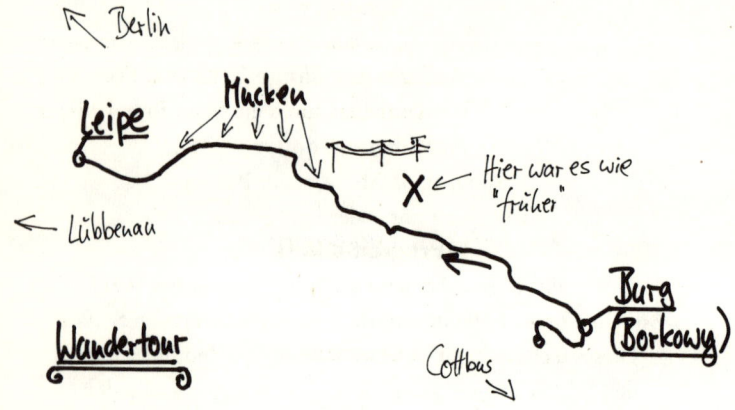

↖ Berlin

Mücken

Leipe

Hier war es wie
"früher"

X

← Lübbenau

Burg
(Borkowy)

Wandertour

Cottbus ↘

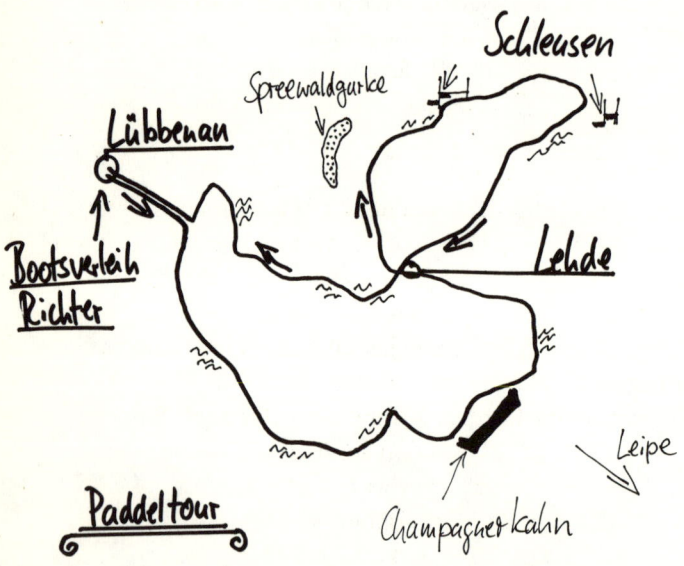

Schleusen

Spreewaldgurke

Lübbenau

Lehde

**Bootsverleih
Richter**

Leipe

Paddeltour

Champagnerkahn

Im Spreewald

EIN SOMMERLICHER SCHWANK

Personen

Myriam } Die Töchter des Autors
Lena

Herr Richter   Der Bootsverleiher
Ein Schleusenwärter

Schauplatz ist der Spreewald, die Zeit Mai 2006.

Als wir aus dem Bus stiegen, donnerten zwei Kampfjets der Bundeswehr über unsere Köpfe. Myriam bekam richtig Angst: »Üben die oder werfen die gleich Bomben?« Ich konnte sie beruhigen. Meines Wissens, sagte ich, hätte es in Deutschland in den letzten 60 Jahren keine Bombenabwürfe mehr gegeben.

Wir waren von Cottbus aus mit dem Bus nach Burg im Spreewald gefahren, um von dort aus nach Lübbenau zu wandern. Burg im Spreewald (Sorbisch Borkowy, in dieser Gegend ist jedes Ortsschild zweisprachig, jeder Ortsname auf Deutsch und Sorbisch vermerkt) ist gar nicht mal so klein.

Der Busfahrer meinte es gut mit uns und nahm uns bis zur Endhaltestelle am Ausgang von Burg mit. »Jetzt immer geradeaus die Straße entlang, dann kommen sie nach Lübbenau.« Danke für den Tipp, aber wir wollten eigentlich den Wanderweg und nicht die Straße benutzen. Also gingen wir zurück zum Ortszentrum.

Dass Orte einfach nur »Burg« heißen, ist mir noch nie begegnet. »Burg« gibt es selten allein, meist ist ihm ein markantes Präfix vorangestellt: Olden, Aschaffen, Ham, Bit, Magde, Offen, Mecklen, Regens oder Duis.

Spreewald. Das sind Wiesen, Weiden und kleinere Mischwälder. Aber vor allem unzählige Kanäle, Bäche und Fließe, wie die kleinen Wasserstraßen genannt werden. Obwohl das Wasser meistens nicht floss, sondern brackig vor sich hin gammelte. Im Spreewald gibt es noch nicht einmal den Hauch einer Erhebung, geschweige denn ein Gebirge. Ich hatte mich auf diese Flachlandwanderung gefreut, es war schön, einmal nicht an die nächste Steigung und Kammüberquerung denken zu müssen. Auch das Jammern meiner Kinder, wann dieser oder jener Berg sich dem Ende zuneigen würde, blieb mir so erspart.

Zu Fuß war hier niemand unterwegs. Riesige Gruppen von Fahrradfahrern überholten uns, wobei sie die gesamte Breite des Weges einnahmen und uns geflissentlich übersahen. Vor den Radfahrern hatte Myriam im Übrigen keine Angst, obwohl die fast so laut wie Kampfjets und eine konkretere Bedrohung für unsere körperliche Unversehrtheit waren. Das Teilstück zwischen Burg und Lübbenau gehört zum europäischen Fernwanderweg E10, der über mehrere tausend Kilometer von Lappland bis nach Bozen führt. Wo waren sie, die finnischen und österreichischen Fernwanderer? Wir sahen keinen einzigen, immer nur Radfahrer.

Der Weg führte entlang der Hauptspree über flaches Land. Wir gingen auf staubigen und unbefestigten Feldwegen vorbei an vereinzelt gelegenen Höfen, Rindern, die ein wenig wie verhungerte indische Kühe aussahen, und Holzmasten mit nur zwei Stromkabeln. Es hätte einen nicht gewundert, wenn uns mit einem Pferdegespann ein Knecht entgegengekommen wäre, um uns an unseren Zielort zu bringen. Es war, kurz gesagt, wie früher. Merkwürdigerweise hatten auch die Kinder ein vertrautes Gefühl dieser Landschaft gegenüber, als wären wir schon einmal hier gewesen. War das ein Fall von Reinkarnation? Hatten die beiden etwa in einem früheren Leben in dem ostpreußischen Landgut eines Großjunkers als Mägde gedient? Wenn ich mir die beiden so ansah, war das doch ziemlich unwahrscheinlich. Vermutlich handelte es sich bei dem Wiedererkennungseffekt eher um eine Art schwer zu fassendes Heimatgefühl.

Die Sympathiewerte für die Landschaft sanken, als es nach vier Kilometern größtenteils auf asphaltierten Wegen weiterging, es zu regnen anfing und die Mücken kamen. Wir näherten uns Leipe, und ich spielte mit dem Gedanken, die Wanderung abzukürzen und die restlichen sechs Kilometer bis Lübbenau mit einem Spreewaldkahn zu fahren. Spreewaldkähne sehen aus wie große Gondeln. Ein Kahnführer bewegt das Boot mit einem Stab vorwärts, und die Kundschaft sitzt auf Bänken an Tischen, die oft mit einem kleinen Blumenstrauß geschmückt sind. Dumm nur, dass ich Leipe mit Lehde verwechselt hatte. Ein Unterschied von zwei Buchstaben und fünf Kilometern. Nur von Lehde aus fahren Kähne nach Lübbenau, aber auch nicht mehr nach 17 Uhr. Ein bisschen genervt kamen wir um 18 Uhr in der Gaststätte Froschkönig in Leipe an. Ich aß einen hervorragenden Spreewälder Gurkenteller und ließ mir mehrmals (bis ich es endlich kapiert hatte) den Unterschied zwischen Senfgurke (weiß und glasig), Gewürzgurke (so wie im Supermarkt aus dem Glas) und Salzgurke (diese Gurken sind mit Salzlake getränkt, da sie erst angestochen und dann eingelegt werden) erklären. Auch meine Kinder pickten eifrig mit Zahnstochern die klein geschnippelten Gurkenscheiben vom Teller. Da sauer bekanntlich lustig macht, stieg die Stimmung am Tisch. Lena und Myriam schlugen mir ein Geschäft vor: Wenn sie mir zehn Gründe, gute Gründe, nennen würden, um die Wanderung abzubrechen, müsste ich ein Taxi rufen. Ich willigte ein, und die beiden legten direkt los.

1. Myriams Blase. Ich dachte zunächst, dieser Grund wäre nur ein vorgeschobener, aber tatsächlich, sie hatte eine fünfmarkstückgroße – »fünfmarkstückgroße« ist noch immer eine bessere Bezugsgröße als »zweieurostückgroße« – Blase unter dem rechten Fuß.
2. Lenas Rückenschmerzen.
3. Es gibt zu viele aggressive Mücken (wir hatten tatsächlich schon Stiche auf dem Kopf, am Knöchel, im Nacken und hinter den Ohren).
4. Es regnete.
5. Es ist schon sooo spät.
6. Dem Papa schmeckt das Lübbenauer Babbenbier so gut.
7. Es wäre doch zu schade, spät in Lübbenau anzukommen und die tolle Suite im Schloss Lübbenau, die wir gebucht hatten, nicht ordentlich genießen zu können.
8. Es wäre dem Bruttosozialprodukt der Lübbenauer Taxi-Innung gegenüber unfair, nicht mit dem Taxi zu fahren.
9. Wahrscheinlich werden wir vom Taxi aus noch einen Storch sehen. Ich hatte den Kindern erzählt, dass es im Spreewald noch ganz viele Störche gibt, und das war kein Ammenmärchen, denn wir sahen später tatsächlich einen Storch in fünf Meter Entfernung – aus dem Taxifenster.

10. Lena und Myriam wollten für den folgenden Tag, wenn es so richtig anstrengend wurde, topfit sein.

Eigentlich gut, wenn einem die eigenen Kinder die rhetorische Arbeit abnehmen, sich einen Wanderabbruch schönzureden. Wir fuhren dann mit dem Taxi nach Lübbenau und verbrachten als Alternativprogramm zur Wanderung einen entspannten Abend an der Bowlingbahn.

Am nächsten Tag gingen wir um elf Uhr im Hafen von Lübbenau zum Bootsverleih. Man kann sich hier, wie oben beschrieben, mit einem Kahn über die Wasserwege fahren lassen, aber wir wollten es auf eigene Faust versuchen. Statt eines Dreierkajaks hatten wir uns für drei einzelne Boote entschieden. Der Bootsverleiher Herr Richter mit Kapitänsmütze gab uns eine kurze Einweisung: Man solle sich gegenseitig beim Einsteigen helfen und ein über das Boot quergelegtes Paddel als Hilfe benutzen. Nie das Boot über Steine herausziehen, es könnte zerkratzen. Und: Das Paddel immer flach halten, da man bei ausholenden Bewegungen schnell nass würde. Ich kaufte noch Mückenspray, und dann stiegen wir in die Boote. Bei den Kindern ging das flott, ich tat mich etwas schwer. Von einer Brücke aus beobachteten uns einige Menschen, und bald begleitete ein lautes Gelächter meine ersten Einsteig- und Fahrübungen. Am schwersten fiel mir das Paddeln selbst. Ich war als Jugendlicher in einem Ruderverein gewesen, aber das war etwas anderes. Die Paddelblätter waren so komisch verdreht, und man musste das Doppelpaddel bei jedem Eintauchen ins Wasser in den Händen drehen.

Nachdem Herr Richter sich überzeugt hatte, dass wir nicht untergehen würden, durften wir endlich losfahren. Am Anfang war es wirklich sehr anstrengend. Nach ein paar

Eleganz in Perfektion im Spreewald

Schlägen musste ich mich erst einmal eine Weile treiben lassen, dann ausruhen und Kraft schöpfen, dann wieder paddeln, ausruhen, paddeln. Nach einer halben Stunde aber hatte ich den Bogen raus. Ein Wasserwandergefühl stellte sich ein. Wie man ja auch nicht darüber nachdenkt, einen Fuß vor den anderen zu setzen, so schwebte ich jetzt über das Wasser. Herr Richter hatte uns eine eingeschweißte Wasserwegekarte zur Orientierung mitgegeben, worauf alle Kanäle mit Namen verzeichnet waren. Unsere Route sollte vom Südumfluter über die Wolschina an der Moorigen Tschummi vorbei zum Bürgerfließ führen. Das Wegweisersystem war ordentlich, an jeder Abzweigung gab es Hinweisschilder und sogar markierte Rundpaddelwege. Verpaddeln konnte man sich hier nicht.

Die Spreewaldlandschaft war wunderschön. Die Kanäle wurden von alten Bäumen gesäumt, deren Äste Amazonaslike bis ins Wasser hingen. An zwei Stellen erhob sich direkt vor unseren Augen ein Fischreiher mit seiner gewaltigen

Spannweite aus dem Schilf. Nach einer Stunde legten wir für eine Pinkelpause an einem Wiesenstück an. An Land angekommen, sahen wir einen Kahn vorbeifahren. Ein Ehepaar, das es sich bei einer Flasche gekühltem Champagner gut gehen ließ, wurde von einem Spreewald-Gondoliere durch den Kanal gestakst. Der Fahrgast fragte über das Wasser, ob wir auch aus Zwickau kämen, denn bisher wären alle Paddelbootfahrer, denen sie begegnet wären, von dort gekommen. Als ich unsere Heimatstadt nannte, fing er an, laut zu singen, und noch hinter der nächsten Flussbiegung konnte man »Mer losse dr Dom in Kölle« hören.

In Lehde, das wir am vorangegangenen Tag nicht mehr erreicht hatten, machten wir eine Mittagspause. Fontane hatte über den Ort geschrieben: »Es ist die Lagunenstadt in Taschenformat, ein Venedig, wie es vor 1500 Jahren gewesen sein mag, als die ersten Fischerfamilien auf seinen Sumpfeilanden Schutz suchten.« Dem war auch über 100 Jahre später nichts hinzuzufügen. In Lehde gibt es das einzige Gurkenmuseum in Deutschland, wahrscheinlich ist es auch das einzige auf der ganzen Welt. Aber wer braucht wirklich ein Gurkenmuseum? (Ehrlich gesagt, mag man im Spreewald schon am zweiten Tag das Wort »Gurke« nicht mehr hören.) Jede Restauration in Lehde hat einen eigenen Anlegeplatz, dort dürfen aber nur die großen Kähne zum Be- und Entladen ihrer Personenfracht halten. Wir mussten einmal um den Block fahren, gingen (in meinem Fall: krochen) an Land und zogen die Boote aus dem Wasser. Im Restaurant merkte ich, wie nass meine Hose vom Paddeln geworden war. Es empfiehlt sich, auf einer solchen Paddeltour immer eine Ersatzhose parat zu haben. Meine Kinder hatten eine, ich nicht. Als verantwortungsvoller Vater hatte ich an ihre Hosen gedacht, meine aber vergessen.

Nach der Mittagspause fuhren wir noch eine Schleife um Lehde herum und kamen zu einer Schleuse. Es war schon komisch, mit den kleinen Booten in die Schleuse einzufahren, aber die zu überwindenden Staustufen waren nicht höher als ein Meter. Als ich dem Schleusenwärter, der hier seinen Dienst unentgeltlich tat, einen Schleusenobulus gab, nickte er anerkennend: In ein solch kleines Boot würde er sich aus Angst vorm Kentern niemals setzen. Der Respekt des Schleusenwärters machte mir klar, was wir für eine Leistung vollbracht hatten. Deshalb hatten wir auch auf unserer Tour ausschließlich Zweier- und Dreierkajaks gesehen. Die anderen Leute hatten einfach Angst vor den kleinen Einerkajaks gehabt. Anders die furchtlosen Drei aus Köln. Wir waren bereit für höhere Aufgaben: Jugend trainiert für Olympia!

Als wir auf dem Weg zurück nach Lübbenau wieder in Lehde ankamen, mussten wir noch eine Erschöpfungsnachmittagskuchenpause einlegen. Myriam und ich hatten vom ständigen Drehen des Paddels Blasen an den Händen, und so waren wir froh, als wir gegen 16 Uhr wieder am Bootsverleih Richter angekommen waren.

Für eine Wanderung braucht man nicht immer ein Gebirge, kein Mittelgebirge und auch kein Minigebirge. Auch im Flachland ist es schön, wobei die Wanderung dort eher einen etwas meditativen Charakter hat. Oder man muss sich jede Menge zu erzählen haben. Und man muss nicht immer zu Fuß wandern, man kann auch mit dem Rad wandern oder mit dem Boot. Dieses Paddelwandern im Spreewald ist das Nonplusultra, ein Natur- und Fortbewegungserlebnis erster Klasse, das in dieser Form in Deutschland einmalig ist. Aber muss das so sein? Könnte man nicht viel mehr die Bäche und kleinen Flüsse in den deutschen Mittelgebirgen und Tief-

ebenen nutzen und einen Paddelbootspaß für jedermann an-
bieten? Ich bin überzeugt davon, dass viel mehr Menschen
wanderpaddeln würden, wenn sich öfter eine bessere Gelegenheit dazu böte. Im Spreewald wird es vorgemacht, die
Nachahmung sei empfohlen.

Aufführungslänge

9,4 Kilometer zu Fuß und 8,8 Kilometer mit dem Kanu

Aufführungsdauer

2 Stunden und 30 Minuten ohne Pause am ersten Tag
und 5 Stunden mit 70-minütiger Pause am zweiten Tag

Programmheft

Ich hatte einen sehr guten Wanderführer.
In »Wanderungen durch Brandenburg« werden die
Streckenwanderungen der Fernwege E10 und E11
durch Brandenburg beschrieben. Eigentlich hatte ich
vorgehabt, den Teilabschnitt des E10 zwischen Lübben und
Lübbenau zu gehen. Doch in seltener Offenheit hatte der
Wanderführer von dieser Etappe abgeraten. Karte »Pharus-Plan
Spreewald, Rad-, Wasser-, Wanderwege«, 1:40.000.

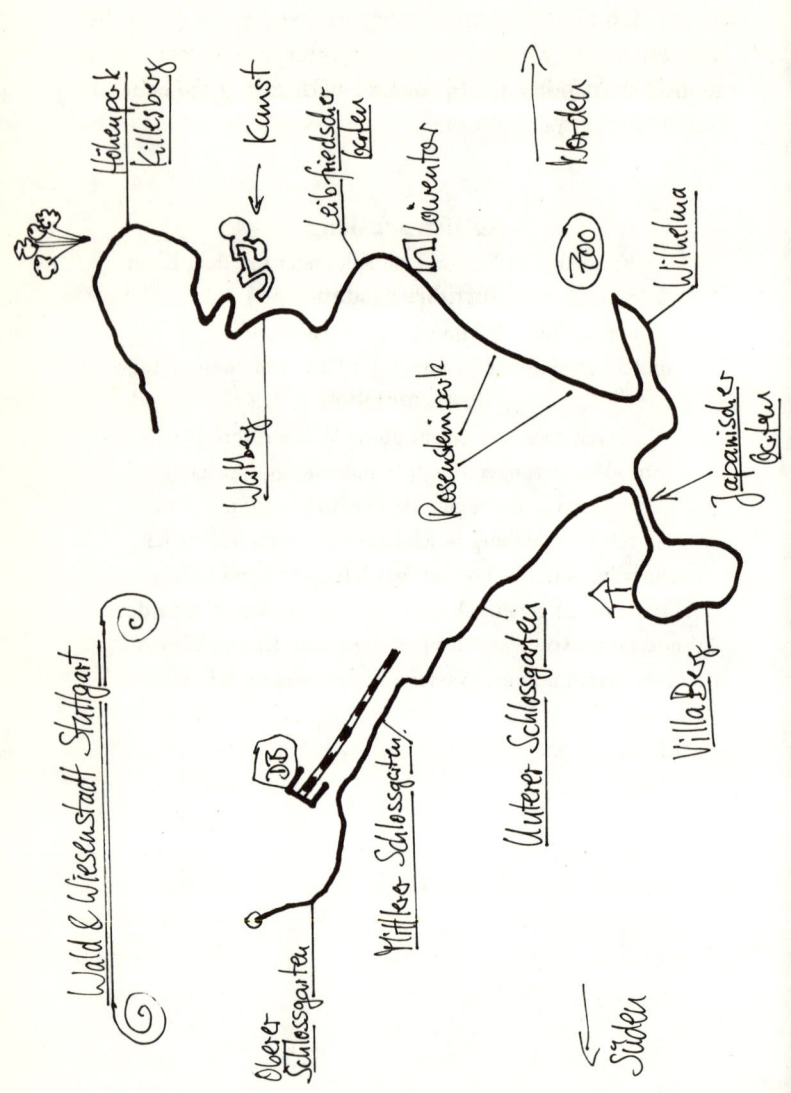

Wald & Wiesenstadt Stuttgart

Oberer Schlossgarten

Mittlerer Schlossgarten

Unterer Schlossgarten

Villa Berg

Japanischer Garten

Wilhelma

ZOO

Löwentor

Leibfriedscher Garten

Kunst

Höhenpark Killesberg

Walberg

Rosensteinpark

Süden

Norden

Die Kunst Spazieren zu gehen
EINE DRAMATISCHE KOMÖDIE

Personen

Friedrich I. } Könige von Württemberg
Wilhelm I.

Alte Männer im Unterhemd

Alte Männer
ohne Unterhemd

Schauplatz ist Stuttgart, die Zeit Mai 2006.

Was soll das denn? Thema verfehlt? Natürlich soll es in diesem Buch um die Schönheit des Wanderns gehen und nicht um Spaziergänge. Aber was ist die Grenze? Wo endet der Spaziergang, und wann fängt die Wanderung an? Ich habe in den letzten Jahren teilweise recht kuriose Definitionen gehört. Für einen Bekannten beginnt eine Wanderung erst, wenn er einen Rucksack auf dem Rücken hat. Nach dieser Definition würde ich permanent wandern, da ich meinen Rucksack ständig bei mir habe. Meine Frau wandert, sobald sie ihre Wanderschuhe anhat, auch wenn sie nur eine kurze Strecke zurücklegt. Andere bestehen darauf, dass man nur im Hochgebirge richtig wandern kann. Jede Fortbewegung im Mittelgebirge und im Flachland sei demnach ein Spaziergang. Das ist natürlich Quatsch, und ich muss so etwas weit von mir weisen. Mein Freund Markus definiert eine Wanderung eher im zeitlichen Rahmen: Wenn man eine Mittagspause macht, sei das Wandern. Da kommen wir meines Erachtens der Sache schon näher. Der Unterschied zwischen einem Spaziergang und einer Wanderung hat eine räumliche und zeitliche Komponente. Ab einer gewissen Strecke und einer gewissen Zeit, die man auf den Beinen ist, wandert man eben. Mathematisch ausgedrückt: Wenn die Zeit (h) und die Strecke (a) größer als x und y ist, handelt es sich um eine Wanderung. W = h größer x / a größer y. Alles klar? Einfacher gesagt: Alles über zehn Kilometer oder über zwei Stunden ist für mich eine Wanderung, alles darunter ein Spaziergang. Die konkrete Zeit und Distanz sollte jeder individuell für sich bestimmen, für mich gelten diese Parameter. Dachte ich immer.

Wenn ein Stadtmensch spazieren will, geht er in den Park. Große Parkanlagen, die von Fürsten angelegt wurden wie in Potsdam am Schloss Sanssouci, in Wörlitz, in Ludwigsburg, in Brühl bei Köln oder an Schloss Pillnitz bei Dresden, sind Perlen der Gartenbaukunst. Französische Gartenanlagen bestechen durch ihre streng komponierten Wegeachsen und den symmetrischen Grundriss, während die englischen Gärten die Vielfalt der Natur im Kleinen abbilden. Die großen Stadtparks entstanden häufig durch eine oder mehrere Bundesgartenschauen, wie der Stadtpark in Hannover (1951), der Rheinpark in Köln (1957 und 1971) und Planten und Blomen in Hamburg (1953, 1963 und 1973).

Auf eine besonders frappierende Parkdichte stieß ich bei meinen Recherchen in Stuttgart. Während den Bundesgartenschauen 1961, 1977 und 1993 waren dort insgesamt acht städtische Parkanlagen, von Fürsten und Bürgern im Laufe der vergangenen Jahrhunderte erschaffen, zu einer zusammenhängenden Fläche verschmolzen: dem Grünen U. Das musste ich mir ansehen.

Vom Stuttgarter Hauptbahnhof ging ich zunächst in südlicher Richtung die Fußgängerzone hinauf bis zum Schlossgarten, genauer dem Oberen Schlossgarten. Den hat Friedrich I., König von Württemberg, 1807 angelegt. Württemberg war gerade Königreich geworden, Jahrhunderte vorher waren die Schwaben »nur« Herzogtum gewesen. Grund genug also für den Stuttgarter Friedrich, den König auch städtebaulich heraushängen zu lassen: Es entstanden Schloss und Schlossgarten.

Im Oberen Schlossgarten herrschte an diesem Morgen entspannte Ruhe. Die Parkbesucher lagen auf den Wiesen und sonnten sich auf den Bänken. Ich ging am Schloss, dem Landtag und dem Schauspielhaus vorbei über eine Fußgängerbrücke zum Mittleren Schlossgarten. Wie in einem gepflegten Kurpark fanden sich hier drei Schachbretter mit Großfiguren, der Inbegriff der anspruchsvollen Rentner-im-Park-Beschäftigung.

Direkt daneben gab es zwei Boule-Bahnen. Schwäbisch-gründlich hingen in einem Baum zwei Besen und ein Regenschirm, um die Bahnen von Laub zu befreien und gegen plötzlich auftretende Unwetter gewappnet zu sein. Seit Jahren boomt Boule in Deutschland. Wurde man früher mit den bunten Boccia-Kugeln am Strand belächelt, wiegen heute Mitmenschen jeden Alters mit Kennermiene die silbernen Kugeln und machen einen auf mediterranen Lebensstil. Mittlerweile gibt es sogar schon Flutlicht für die Boule-Bahnen, wo man nach Feierabend bis tief in die Nacht spielen kann.

Im Mittleren Schlossgarten fehlten auch nicht die steinernen Tischtennisplatten mit Netzen aus Stahl, die ich in meiner Studentenzeit oft als einzige Sportmöglichkeit genutzt habe. Wir hatten damals ja nichts!

An einem Vormittag in Stuttgart bleiben einem die zwei Hauptplagen städtischer Parks erspart: Frisbee-Spieler und Jongleure, die ab dem frühen Abend den anderen Menschen, die eigentlich nur ihre Ruhe haben wollen, auf die Nerven gehen.

Über die sogenannte »Grüne Brücke« erreichte ich den Unteren Schlossgarten, der langgestreckt am Bahndamm liegt und immer zu sehen ist, wenn man Stuttgart mit dem Zug erreicht. Dieser Park war eindeutig im englischen Stil angelegt. Neben dem Weg floss ein kleiner künstlicher Bach, kein geometrisches Muster war zu erkennen. Der Rasen war aber alles andere als englisch kurz getrimmt. Lag es an den

Geht gar nicht: Biergeschwür in der Stuttgarter Sonne

leeren Kassen der Stadt Stuttgart, oder wurde unter dem Deckmantel der Ökologie geschludert? Dafür fehlten die Schilder, die das Betreten der Rasenflächen verboten. Wo kein Rasen ist, sondern eher eine Wiese, kann man das Betreten auch nicht verbieten. Dafür sah ich Männer über 60, die mit Unterhemd oder, noch schlimmer, nacktem Oberkörper auf den Bänken saßen. Kann man das nicht verbieten? Genauso wie in einigen Städten, zum Beispiel in Köln, das Füttern von Tauben durch empfindliche Geldstrafen drastisch zurückgegangen ist, sollte es eine Nackte-Oberkörper-Strafe geben und eine Verhüllungspolizei, die das kontrolliert. Es gibt einfach nichts Unästhetischeres als weiße, nackte Altmännerbäuche. Vor allem wenn man erst aus nächster Nähe erkennt, dass sich unter dem schlaffen Hautlappen überhaupt eine Hose befindet. Das muss doch wirklich nicht sein. Halt, mir fällt noch etwas ein, was auch mit Parkgefängnis nicht unter zwölf Monaten geahndet werden müsste: Das Scheren von Hunden an Grünflächen.

Ich war eine knappe Stunde gelaufen, und mein Körpermotor lief langsam warm. Ich ging rechts bergan zur Villa Berg. Villa Berg heißt nicht nur das große Gebäude auf einem der Stuttgarter Hügel (Stuttgart ist wie Rom auf Hügeln gebaut und ist eine sogenannte Talkesselstadt), sondern auch der die Villa umgebende Park. Ich durchquerte zunächst einen kleinen japanischen Garten, der anlässlich der Bundesgartenschau 1993 angelegt worden war. Japanische Gärten und Pavillons im fernöstlichen Stil sind neben der französischen und englischen Gartengestaltung die dritte große Mode im Parkdesign. Irgendwie liegen überall viele Steine herum, man geht über stark gebogene Brücken, und die Bonsaibäume wachsen höher, als man sich das vorstellt. In ungefähr 25 Sekunden hatte ich den japanischen Garten durchquert. In dem anschließenden Park wechselten engbepflanzte Blumenbeete mit fast allen Bäumen der Welt, zu deren Bestimmung ich Monate benötigt hätte.

Bei den Bundesgartenschauen wird anscheinend auch, was ich lange nicht wusste, ein knallharter Blumenwettbewerb ausgetragen. Ich las im Internet, dass bei der Buga 2003 in Rostock eine Olympiade der Gärtner stattfand, bei der 2.785 Goldmedaillen, 2.754 Silbermedaillen und 1.599 Bronzemedaillen verteilt wurden. Ich habe, ehrlich gesagt, keine Lust gehabt, den Medaillenspiegel dieser Gärtnerolympiade genauer zu analysieren.

Nach einer Schleife durch den Villa-Berg-Park ging ich an den Gebäuden des SWR vorbei in den Unteren Schlossgarten zurück, der nahtlos in den Rosensteinpark führte. Dieser Park ist der größte englische Landschaftspark Südwestdeutschlands und unter König Wilhelm I. von Württemberg entstanden. Dieser Wilhelm folgte von 1816 bis 1864 dem König Friedrich nach und schuf weitere großräumige Parkflächen, wie zum Beispiel die Wilhelma. (Ich beschloss, sollte ich jemals eine Parkanlage erbauen, sie in jedem Fall »Manuela« zu nennen.) Die Wilhelma grenzt direkt an den Rosensteinpark und beherbergt den Stuttgarter Zoo. Deshalb muss man hier auch Eintritt bezahlen. Ich lief am Rande des Zauns entlang, sah immerhin kostenlos Eisbären, Zebras, Lamas, Kamele und Rehe von draußen.

Noch vor 150 Jahren hätte ich die Wilhelma nicht betreten dürfen, auch nicht gegen Geld. Nur Adelige und der Hofstaat durften in die königlichen Grünanlagen. Ein Spaziergang war ein eindeutig elitäres Vergnügen. Erst 1880 öffnete man die Wilhelma für die Bürger der Stadt, und die Anlage wurde zum Bürgerpark. Dort konnten die selbstbewussten

Stadtbürger ihrem neuen Hobby, dem Flanieren, frönen. Karl Gottlob Schelle schrieb sogar eine Art Gebrauchsanleitung: »Die Spatziergänge oder die Kunst spatzieren zu gehen«. Unverzichtbares Requisit für jeden männlichen Bürger, der das Haus verließ, waren der Hut und der Spazierstock.

Dieser Stock war kein knorriger Wanderstab und erst recht kein Karbonstab moderner Prägung, sondern ein wertvolles Accessoire. In der Burg von Meißen besuchte ich vor Kurzem eine Spazierstockausstellung. Die Stöcke unterschieden sich vor allem durch Knauf und Inhalt. Der Knauf war Statussymbol und sagte viel über den Spazierstockbesitzer aus. Gefertigt aus Silber, Metall, Elfenbein, Holz. Runde Knäufe, Tier- und Menschenköpfe, Rosenknäufe. Stich- und Schusswaffen, Schmuggelware, Schnapsflaschen, Feuerzeuge konnten im Spazierstock versteckt werden. Bei einigen Griffen gab es mechanische Vorrichtungen, die einer Ente den Schnabel öffneten, einen Chinesen spucken und einem Skelett den überdimensionierten Penis anschwellen ließen. Überhaupt, ungefähr 20 Prozent der Knäufe waren nicht jugendfrei: kleine pornographische Darstellungen, der Knauf in Form des weiblichen Geschlechts, umklappbare Knäufe, die erotische Abbildungen verbargen. Dies alles gehörte zur Freizeitbeschäftigung des Bürgers im 19. Jahrhundert, wenn er »spazieren ging«. Nach dem ersten Weltkrieg war die Blütezeit des bürgerlichen Spazierstocks vorüber. Man hatte eher eine Aktentasche oder ein Lenkrad in der Hand als einen altmodischen Stock. Fast 100 Jahre später sollten Stöcke im Stadtpark wieder en vogue werden, doch dazu später.

Nachdem ich die Wilhelma hinter mir gelassen hatte, ging ich weiter durch den Rosensteinpark westwärts. Der Stadtlärm verflüchtigte sich. Weite Grünflächen mit einzelnen, mächtigen Bäumen, die Schatten spendeten, bestimmten das Bild. Auf einer großen Übersichtstafel schaute ich nach, wo sich das Löwentor, der westliche Haupteingang des Rosensteinparks, befand. Ein durchgehend markierter »Fernspazierweg« im Grünen U wäre eigentlich eine gute Idee. Mit einem grünen »U« auf weißem Grund kreuz und quer durch die Stuttgarter Parks. Und ein kleiner kostenfreier Faltplan, der den Verlauf des Weges zeigt und die Sehenswürdigkeiten am »Grüner-U-Fernspazierweg« erläutert. Vielleicht wäre das auch ein Ansporn für andere Städte, »Fernspazierwege« einzurichten.

Neben dem Löwentor führte eine geschwungene Fußgängerbrücke auf die andere Straßenseite in den Leibfriedschen Garten. Dieser kleine Privatpark gehörte zu einer Villa, die 1944 durch Bomben zerstört wurde. Ich ging rechts des Hauptweges durch die Büsche einen fast zugewachsenen Pfad entlang und stieß auf eine künstliche Grotte. Um die Grotte lagen verstreut umgestürzte kleine Säulen, die steinernen Treppenstufen hinauf zur Terrasse waren zerbrochen und schief. Ich hatte das Gefühl, dass dieser Ort in den letzten 60 Jahren nicht mehr betreten worden war.

Keine 400 Meter hinter der verwunschenen und versteckten Grotte liegt das Eisenbahngelände des Nordbahnhofs und dahinter der Wartberg. Dieser Park steht voll Kunst. So Kunst eben, wie sie in städtischen Parks herumsteht. Gebrochene Riesenkugeln, dicke Stahlrohrwülste und schiefe rostige Platten. Durch Kleingärten hindurch ging ich hinauf zum Killesberg.

Der Höhenpark Killesberg war anlässlich der Reichsgartenschau 1939 angelegt worden und wurde 1993 als Schlussstein des Grünen U modernisiert. Unzählige Blumengärten, eine schöne naturbelassene Schlucht, viele Wasserfontänen und die für eine Bundesgartenschauparkanlage absolut unvermeidliche Schmalspureisenbahn wurden damals gebaut. Die große Runde im Killesbergpark ging ich sehr zügig, ich praktizierte Speedwalken. Ich hatte ja schon erwähnt, dass ich wegen meiner Fußgelenke orthopädischen Beistand benötigte und das Joggen einstellen musste. Meine alte Joggingrunde im heimischen Park um die Ecke (Länge 7,5 Kilometer) bin ich dann spaßeshalber einmal im besagten Speedwalkingtempo gegangen. Ich war erstaunt, dass ich statt der üblichen Dreiviertelstunde nur eine gute Stunde benötigte, um die Strecke zu bewältigen. Ich konnte, zumindest auf der kurzen Distanz, eine Durchschnittsgeschwindigkeit von über sieben Stundenkilometern halten. Seitdem bin ich auch schon häufiger meinen neun Kilometer langen Weg zur Arbeit schnellen Schrittes gegangen. Aber immer ohne Stöcke, dem Wahrzeichen der Nordic Walker.

Um das ein für alle mal festzuhalten: Nordic Walking ist weder ein Spaziergang noch eine Wanderung, sondern eine pervertierte Form des Skilanglaufs ohne Schnee. Wenn unsere Langlauf- und Biathlonprofis das praktizieren, um sich im Sommer fit zu halten, ist das okay, aber Nordic Walking als eigenständiger Sport geht gar nicht. Jede Fortbewegungsart hat seine Gepflogenheit, und wenn man Stöcke benutzt, sollte Schnee den Bodenbelag bedecken. Zuletzt hat mir ein seniler Grobmotoriker mit seinen Stöcken im Vorbeigehen fast die Kniescheibe herausgehauen und sich dafür noch nicht einmal entschuldigt. Daher empfehle ich in städtischen Parks, vergleichbar den Hundefreilaufflächen, kleine umzäunte Nordic-Walking-Areale, in denen sich die lieben Stockfetischisten tummeln und andere Spaziergänger nicht belästigen können.

Auf dem Weg zum Killesberg dachte ich mir eine neue Imagekampagne für Stuttgart aus. Die Aneinanderreihung von verschiedenen Parkanlagen war sensationell, das müsste doch im Stadtmarketing ganz anders kommuniziert werden. Hier ein paar Vorschläge:

Parkstadt Stuttgart
Grüne Stadt Stuttgart
Wald & Wiesenstadt Stuttgart
Grüne Hölle Stuttgart

Waren die letzten Stunden im Grünen U ein Spaziergang oder eine Wanderung gewesen? Ich hatte keinen Rucksack auf dem Rücken gehabt (spricht gegen Wanderung), hatte aber Wanderschuhe getragen (spricht für Wanderung). Ich hatte eine Mittagspause gemacht (spricht für Wanderung), war 14 Kilometer gelaufen (spricht für Wanderung) und war drei Stunden unterwegs gewesen (spricht für Wanderung). Es sprachen also mehr Argumente für die Bezeichnung »Wanderung«. Und doch war es irgendwie keine Wanderung für mich gewesen. Irgendwie kann man in einem Stadtpark nicht wandern, auch wenn man durch acht Parks hintereinander geht. Die Stadt war immer präsent, spürbar. Und das gehört dann doch irgendwie zu einer Wanderung, dass es hinaus in die Natur geht, nicht nur ins Grüne, sondern ins ländlich Grüne. Das Grüne U in Stuttgart war ein Ultraspaziergang gewesen, keine Wanderung. Allerdings ein sehr schöner Ultraspaziergang.

Aufführungslänge

14 Kilometer

Aufführungsdauer

4 Stunden mit einer einstündigen Pause

Programmheft

Cityplan Stuttgart des großen ADAC-Stadtatlas, 1:20.000

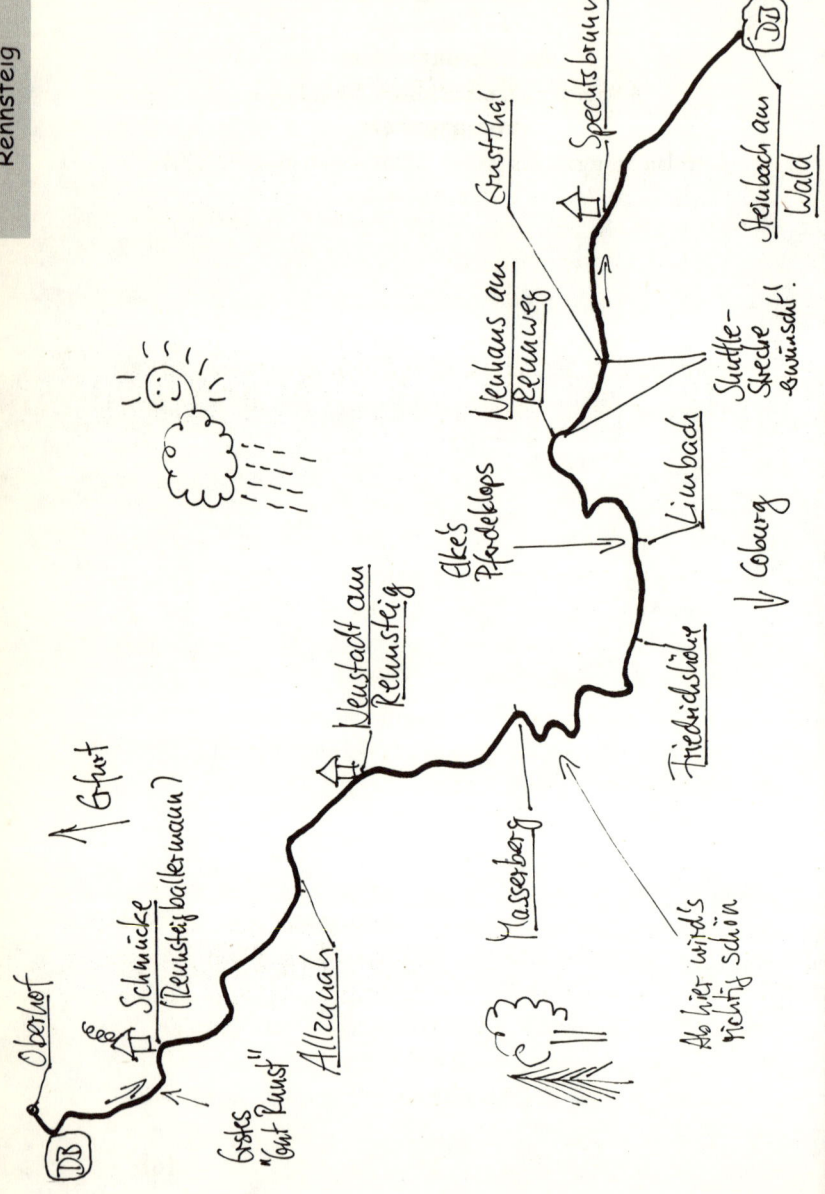

Auf dem Rennsteig

EINE BURLESKE

Personen
Viele Wandergruppen
Lustige Herren
Fünf Holländer

Schauplatz ist der Rennsteig in Thüringen und Bayern,
die Zeit Mai 2006.

Nach einem steilen, knapp zwei Kilometer langen Aufstieg
vom Bahnhof Oberhof erreichte ich am Ortsrand das sogenannte Rondell von Oberhof. Den Ort kannte ich als
Hochburg des Biathlons. Am Rondell entdeckte ich das erste
»R« des Rennsteigs, die Mareile. So zärtlich nennt der Renn-
steig-Fan seine Wandermarkierung. Ursprünglich war es der
Name einer schönen Förstertochter, auf die die ersten Renn-
steigrenner im 19. Jahrhundert wohl alle scharf waren.

Der Rennsteig in Thüringen ist einer der ältesten Fernwanderwege Deutschlands, von ihm hatte ich schon sehr viel
gehört, Gutes und Schlechtes, und es war an der Zeit, sich
ein eigenes Bild zu machen. Wie weit ich kommen würde,
wusste ich noch nicht. Ich wollte sehen, was der Weg und
meine Beine hergaben. Das Wetter war schlecht, ich wanderte meistens in einer Wolke. Es war ungefähr fünf Grad
warm (das war als Tageshöchsttemperatur für diesen Don-

nerstag Ende Mai vorhergesagt worden), und es regnete sanft. Es war kein Starkregen und kein Platzregen, kein Nieselregen, kein Sprühregen, sondern ein weicher Sanftregen. Die Isländer kennen 18 unterschiedliche Wörter für »Pferd«, und über wie viele Wörter für »Schnee« die Eskimos verfügen, darüber streiten die Experten. Wir sollten uns in unseren Breitengraden noch mehr Spezialausdrücke für Regen zulegen. Ich kenne Duschregen, Wohlfühlregen und Killerregen. Und natürlich Dauerregen, Nervregen und tropischer Regen.

Der Rennsteig verläuft über einen Kamm, und schon fünf Kilometer hinter Oberhof erreicht man den höchsten Berg des Thüringer Waldes, den Großen Beerberg, der 982 Meter hoch ist. Die vielgerühmte Aussicht konnte ich nicht genießen, da die Sicht maximal 300 Meter betrug.

Kleinere und größere Wandergruppen begegneten mir auf dem Weg, aber ich traf auf niemanden, der wie ich alleine unterwegs war. Am Ende einer weit auseinandergezogenen Wandergruppe, trug eine junge Dame die große Dreiecksfahne des Rennsteig-Vereins. Sie grüßte mich freundlich mit »Gut Runst!«, denn der Rennsteig besitzt einen eigenen Gruß. Der Angler grüßt mit »Petri Heil«, und die Jäger wünschen sich mit »Waidmanns Heil« Glück, der Rennsteigfreund kommt ohne »Heil« aus. Er wünscht sich eben »Gut Runst«. Dieser Gruß existiert seit 1899, und die Wortschöpfer zeigten große Kreativität: So wie aus »Kennen« »Kunst« wird, sollte aus »Rennen« »Runst« werden. Hört sich zwar lautmalerisch genauso schön an wie ein verschnupftes Schwein, ist aber zweifelsohne sehr originell. Eine richtige Runst hat man nur gemacht, wenn man die gesamten 168 Kilometer des Rennsteigs gewandert ist.

Vom Großen Beerberg ging ich nach Schmücke und machte Mittagspause. Ich war gerade mal sieben Kilometer gelaufen, aber trotz des schlechten Wetters waren mir schon über 100 Wanderer entgegengekommen. Also kein Wunder, dass der Rennsteig 2005 zum beliebtesten Wanderweg Deutschlands gewählt worden war. Aber ist der beliebteste Weg auch der Beste? Das beliebteste Restaurant der Deutschen ist McDonald's, der beliebteste Fernsehsender RTL, und das beliebteste Urlaubsziel ist Mallorca. Ob sie die Besten sind, ist Geschmackssache. Das Gasthaus in Schmücke zumindest hatte etwas sehr Mallorquinisches, um nicht zu sagen Ballermanneskes. Schon von Weitem hörte ich laute Musikfetzen durch den Wald schallen. Als ich näher kam, sah ich Zelte, Bier- und Imbissbuden, und die Menge grölte den Italo-Hit »Volare«. Ich ging ins Innere des Gasthauses, wo es etwas leiser war. So etwas hatte ich noch nie gesehen, hier konnten 300 Wanderer in zwei verschiedenen Räumen, dem »Rucksacktreff« und »Joe's Bar«, sitzen und sich stärken. Es gab sogar ein paar Tische für Selbstverpfleger, obwohl diese nicht zum Umsatz beitrugen. Ich trank eine Apfelschorle, aß ein gebackenes Schollenfilet und machte mich schnell wieder auf den Weg.

Schnell ging es aber nicht weiter. Keine 300 Meter hinter dem Gasthaus versuchte ich, eine sechsköpfige Gruppe zu überholen, was auf dem schmalen Pfad nicht ganz einfach war. Bei zwei Männern gelang es sofort, am dritten kam ich nicht vorbei. Immer wenn ich eine Lücke entdeckt hatte, schwankte er genau vor meine Füße. Er war sturzbetrunken und torkelte hin und her. Mit einem Crosscheck machte ich mir endlich Platz und zog vorbei. Ich muss gestehen, dass mir erst im Zug nach Oberhof bewusst geworden war, nicht an irgendeinem Donnerstag unterwegs zu sein. Es war Christi

Himmelfahrt, auch bekannt als Vatertag. Jede Hütte seit Oberhof war voll mit trink- und sangesfrohen Männern. Die meisten waren eigentlich zu jung, um Väter zu sein, sie waren zwischen 16 und 18 Jahren und setzten sich mit Likören in blauen und roten Neonfarben außer Gefecht. Später erfuhr ich, dass der Vatertag im Osten Deutschlands als Herrentag bekannt ist, was den Kreis der Komawilligen natürlich erheblich vergrößert. Eine Stunde hinter Schmücke kam ich an der Holzhütte »Alte Tränke« vorbei. Drei Bollerwagen lehnten an der Außenwand, die jugendlichen Insassen hatten gegen den Regen eine blaue Plane vor die Hütte gespannt, saßen also im Finsteren, tranken und grillten. Und dann erklang mitten im Thüringer Wald »Viva Colonia«. Karneval am Rennsteig. Wieder ging ich schnell weiter.

Der Weg war eigentlich seit Schmücke sehr schön, es ging durch einen dichten Nadelwald über viele Wurzeln. In 50 Meter Entfernung verlief parallel zum Wanderweg eine Straße, die früher mit Sicherheit der eigentliche Kamm- und damit auch Wanderweg gewesen war. Dann hatte man sie asphaltiert und den Wanderweg daneben angelegt. Es war nicht viel los auf der Straße, sodass man meist vergessen konnte, dass sie überhaupt existierte.

Hinter dem Dorf Allzunah (an was dieser Ort zu nah war, erschloss sich mir nicht. Zu nah am Wald, zu nah an Schmücke, zu nah am Rennsteig?) ließ sich eine siebenköpfige Wandergruppe von einem Kleinbus abholen. Einfach so, mitten auf der Strecke. Die Wanderkollegen klopften sich die Schuhe ab und bestiegen den Bus. Das war aber gar nicht runstig und im Sinne der Rennsteig-Erfinder. Der Busfahrer fragte mich, ob ich auch von Aktiv-Reisen sei. Ich antwortete mit allem gebotenen Wanderstolz, dass ich aktiv sei und zu Fuß weitergehe. Nach 27 Kilometern kam ich um 18 Uhr in Neustadt am Rennsteig an. Nur in Thüringen gibt es Ortschaften, die nach einem Wanderweg benannt sind.

In Neustadt am Rennsteig übernachtete ich nicht im Hotel, sondern in einem Privathaus, da der Ort komplett ausgebucht war. Ich bekam im »Rennsteighotel Hubertus« einen Schlüssel und ging zwei Häuser weiter. Als ich die Haustür aufschloss, hörte ich Hundebellen, öffnete also schnell, wie man mir gesagt hatte, die erste Tür zu meiner Rechten. Dahinter verbarg sich ein Zimmer mit niedriger Decke und ein Badezimmer. Im Raum standen außer einem Bett ein Sessel, ein Fernseher der Marke Robotron (ich versagte beim Versuch, ihn einzuschalten), ein Schaukelstuhl, und über dem Bett hingen zwei Bilder, die einen weinenden Jungen und ein weinendes Mädchen zeigten. Herrlich! Eine richtige Rennsteig-Suite.

Am nächsten Morgen traute ich beim Blick aus dem Fenster meinen Augen nicht. Entgegen aller Vorhersagen hatte sich das regnerische, dunstige Wetter verzogen. Nach dem Frühstück ging ich sofort los. Hinter Neustadt blickt man weit ins Land und schaut über den Thüringer Wald. Nach sieben Kilometern führte ein Hohlweg hoch nach Masserberg. Während ich ein Pärchen beobachte-

Ein bislang unentdeckter Schatz der Kunstgeschichte in der Rennsteig-Suite

te, dass exzessiv damit beschäftigt war, mit dem Finger ins Grüne zu zeigen (eine meiner liebsten Wandergesten), packte mich der Ehrgeiz. Ich war jetzt über zehn Kilometer unterwegs und fühlte mich großartig. Heute könnte ein großer Wandertag werden. In meinem Kopf entspann sich ein längerer Disput.

»Am vernünftigsten, mein lieber Manuel, wäre es, am Bahnhof Ernstthal nach 32 Kilometern Schluss zu machen. Denk an deine Blasenanfälligkeit, und das Wetter könnte noch schlechter werden.«

»Ach, hör nicht drauf, geh heute mal wieder 40 Kilometer, bis nach Spechtsbrunn«, flüsterte eine andere Stimme. »Wann, wenn nicht heute?«

Eine dritte Stimme kam dazu. »Jetzt überleg mal, auch 40 Kilometer könnten etwas wenig sein. Außerdem gibt es heute in Spechtsbrunn keine Übernachtungsmöglichkeit, wie willst

Perfektes Marketing ist alles.

du da denn wegkommen? Komm, trau dich, geh bis zum Bahnhof in Steinbach am Wald, dann bist du 51 Kilometer gegangen – quäl dich, du Sau!«

So ging es hin und her. Andere scheinen sich beim Wandern zu entspannen und bekommen den Kopf frei – mir gelingt das nicht. Beim Wandern kommen mir die besten Ideen und schlimmsten Ohrwürmer, abschalten kann ich nicht.

Sieben Kilometer hinter Masserberg, im Ferienort Friedrichshöhe, umgeben von ausladenden Wiesen, spürte ich ein leichtes Zwicken unter dem rechten Fußballen. Ich machte sofort eine kurze Pause und schaute mir die Fußsohle an. Da war tatsächlich eine kleine Blase zu entdecken. Um den Anfängen zu wehren – ich hatte ja eventuell noch einiges zu gehen –, klebte ich eine PK (Präventiv-Kompresse) unter meinen Fuß. Federleicht und schmerzbefreit ging es weiter. Die Wege waren nun ausnahmslos gut, keine Straße war zu sehen. Der Rennsteig war so geführt, dass selbst Forstwege vermieden wurden, wo es ging. Zwei Kilometer vor Limbach stand ein Schild im Wald, das für die Einkehr in Elke's Jägerstube warb. In eine Klarsichthülle war ein Zettel mit dem Tagesgericht gesteckt worden. Heute gab es Pferdeklops. Ich entschied mich für die Schokolade in meinem Rucksack. Kurz vor Limbach kam ich am Dreistromstein vorbei. Dass der Rennsteig Wasserscheide für zwei Ströme, Weser und Elbe, war, hatte ich gewusst, aber die Stelle war eine Dreifachwasserscheide. Einmalig in Deutschland, hier entsprangen Bäche, die zu drei großen Strömen flossen: Weser, Rhein und Elbe.

Ich hatte inzwischen beschlossen, mindestens die 40 Kilometer bis Spechtsbrunn zu gehen. In einer leeren dunklen Hütte wollte ich mich hinlegen und mit einem Nickerchen Kraft schöpfen. Jeder Schlafwissenschaftler rät zu einem Mittagsschlaf, er sollte nur nicht zu lang sein, sonst bleibt man auch am Nachmittag und Abend müde. Mit meiner Fleecejacke deckte ich mich zu, nahm den Rucksack als Kopfkissen und machte, wie es neudeutsch heißt, einen Power-Nap. Nach einer Viertelstunde ging ich weiter. Erfrischt war ich höchstens, weil es begonnen hatte zu regnen. Von einer wirklichen Regenerierung konnte keine Rede sein. Obwohl ich nun physisch und psychisch stark sein musste, denn: Wanderer kommst du nach Neuhaus am Rennweg, vergiss dein Oropax nicht! Der Ort zieht sich Kilometer um Kilometer, bis auf ein kurzes Stück Wiese, immer an der Bundesstraße entlang. Ich schlage einen Neuhaus-Umgehungs-Shuttle vor. Am Ortseingang müsste ein kleiner Bus stehen, der einen vier Kilometer bis zum Parkplatz der Spedition Anschütz in Ernstthal bringt. Für einen Euro kann man mitfahren, der freundliche Fahrer hätte Kaltgetränke an Bord und beschallt die zufriedenen Wanderer mit dem Rennsteig-Lied auf der Endlosschleife. So wird ein Schuh draus.

Hätte ich in Ernstthal, einem Ortsteil von Neuhaus, die Wanderung beendet, wäre eine richtige Depression zurückgeblieben und den eigentlich schönen Weg zuvor hätte ich wahrscheinlich verdrängt. Hinter Ernstthal tauchte ich in einen dichten Nebel ein. Schemenhaft kamen mir Wanderer entgegen. Sie schienen allesamt besser gegen den Regen geschützt zu sein. Einige hatten mächtige Komplett-Überwürfe für Körper und Rucksack. Ich hatte nur einen Regenschirm für 2,99 Euro in der Hand. Obwohl ich keine Jeans anhatte, sondern eine Wanderhose mit extrem schnell trocknender Faser, wurden die Hosenbeine immer feuchter. Wann sollte die tolle Faser auch trocknen? Denn im Frühjahr 2006 konnte man über jede Stunde, in der es nicht schüttete, goss und kübelte, froh sein.

Bis Spechtsbrunn lief ich durch den Regen und zählte blaue Regenschirme. Auf jedem Kilometer fand man einen Schirm, alles unterschiedliche Fabrikate, aber jeder war blau. Andere Wanderer waren wohl nicht zufrieden gewesen, oder gab es einen speziellen Hass auf blaue Schirme?

Im »Gasthof am Rennsteig« in Spechtsbrunn bestellte ich auf die geschafften 40 Kilometer ein Rennsteig-Gedeck. Heißer Tee und Hefeweizen, das eine zum Aufwärmen, das andere als Schmerzmittel. Gerade recht kam mir die Frage von fünf Holländern am Nebentisch, die auch eine Runst machten, wie viel ich heute schon gewandert wäre. Ich erntete bewundernde Blicke, und dann musste ich doch noch nachschieben, dass ich unbedingt vorhätte, noch weitere elf Kilometer zu gehen. Der holländische Tisch bebte, aber bevor ich Gefahr lief, auf dieses Vorhaben noch einen Genever trinken zu müssen, ging ich weiter. Ich fühlte mich unbezwingbar. Es war 17.15 Uhr, und bis spätestens 20 Uhr wollte ich in Steinbach am Wald sein. Wahnsinniger Hunger trieb mich voran. Ich habe einmal gelesen, dass Fußballspieler vor dem Spiel kein Mittagessen bekommen, damit sie hungrig und aggressiv über den Platz laufen. Das sollte für heute mein Geheimrezept werden. Ich hatte seit dem Frühstück nur ein altes Nusshörnchen und eine Tafel Schokolade gegessen. Ich war nicht eingekehrt, weil Essen mich nur unnötig Zeit gekostet und nur müde gemacht hätte.

Ich ging auf einem langgezogenen, asphaltierten Weg. Der kam mir gerade recht, da ich das Tempo sehr hoch halten konnte. An der Schildwiese überschritt ich die Grenze nach Bayern. Der Rennsteig endet zwar in Blankenstein auf thüringischem Gebiet, verläuft aber hier einige Kilometer durch Oberfranken. Ich war ein bisschen enttäuscht, dass kein blauweißrautiertes Schild auf das neue Bundesland hinwies. Immerhin war hier 40 Jahre lang Schluss gewesen, erst nach der Wiedervereinigung konnte man die historischen 168 Kilometer wieder durchgehend wandern.

Acht Kilometer vor Steinbach kann man entweder durch den Wald oder an der Straße entlanggehen. Ich entschied mich natürlich für den Wald, aber das zog sich elend lang. Wie blöde torkelte ich mit offen stehendem Mund durch das Gehölz. Jetzt war mein Kopf wirklich leer, wenn man von einem gewissen Rest an Konzentration auf Wurzeln und

Steine absieht. War das die berühmte Entspannung beim Wandern? Die letzten vier Kilometer folgten dann wieder der Straße. Noch nie in meinem Leben war ich so froh gewesen, einen Kreisverkehr am Ortsrand zu sehen. In Steinbach waren aller Hotelzimmer belegt. Mit letzter Kraft eilte ich zum Bahnhof und erreichte in buchstäblich letzter Sekunde die Regionalbahn Richtung Kronach in Oberfranken. Im Zug ließ ich mich im Fahrradabteil erschöpft fallen. Mein Rucksack, den ich auf dem Boden abgestellt hatte, sonderte Feuchtigkeit ab. In mehreren Rinnen lief das Wasser durchs Abteil, es sah aus, als hätte ein versoffener Seemann nicht mehr an sich halten können. Ich war genau 51,5 Kilometer an einem Tag gegangen, das bedeutete persönlichen Rekord. Aber war das wirklich erstrebenswert oder einfach nur noch krank?

Ein Dokument der Willensstärke: Nach 48 Kilometern auf dem Rennsteig

Mit seinem Wanderglück kann man sich oft allein fühlen, denn alle anderen fahren Fahrrad, Auto oder sitzen zu Hause. Am Rennsteig ist das definitiv anders. Selten bin ich so vielen Wanderern begegnet, und wie es im Rennsteig-Lied heißt:

Durch Buchen, Fichten, Tannen, so schreit ich in den Tag,
begegne vielen Freunden, sie sind von meinem Schlag.
Ich jodle lustig in das Tal, das Echo bringt's zurück.
Den Rennsteig gibt's ja nur einmal und nur ein Wanderglück.

Es gibt den Rennsteig-Gruß »Gut Runst« und die Mareile. Alles gewachsene Traditionen, die jüngere Fernwanderwege wie der Rothaarsteig nicht zu bieten haben. Trotzdem sollte man auch nicht zu viel erwarten, dann stören auch die Strecken in der Nähe der Straßen nicht. Die Infrastruktur mit Einkehr- und Übernachtungsmöglichkeiten ist hervorragend (so lange man sich rechtzeitig um eine Herberge bemüht). Ob der Rennsteig aber zukünftig auch zum beliebtesten Wanderweg gewählt wird, wenn der Rheinsteig mit im Rennen ist? Das wird abzuwarten sein.

Die klassische Runst von 1830, der Erstbegehung, wird in fünf Tagen gewandert. Viele wandern heute die Strecke eingeteilt in sechs Etappen. Ich schlage als wandersportliche Herausforderung eine Vier-Tage-Runst vor. Das entspricht ungefähr viermal einem Wandermarathon von 42 Kilometern, und die vier Kilometer mit dem bald in die Realität umgesetzten Neuhaus-Umgehungs-Shuttle kann man als Bonus abziehen.

Aufführungslänge

Das Spezielle am Rennsteig ist, dass man durch das sanfte Höhenprofil richtig Kilometer bolzen kann. Auch historisch war der Weg, wie der Name schon sagt, eher ein Weg zur schnellen Fortbewegung von Boten, keine breite Fahr- und Heerstraße, eben ein »Rynnestig«, ein Laufweg für professionelle Kuriere, die, wenn sie denn so fit waren wie ihre antiken Berufskollegen, die 168 Kilometer locker an einem oder zwei Tagen bewältigten. An dieser Stelle muss mit der Legende aufgeräumt werden, der Bote von der Niederlage Athens in Marathon sei nach 42 Kilometern tot in Athen zusammengebrochen. Das hat sich der Märchenerfinder Plutarch ausgedacht. Historisch richtig ist, dass ein Bote von Marathon 200 Kilometer an einem Tag über hügeliges Gelände nach Sparta lief, um die dortigen Bürger für den gemeinsamen Kampf gegen die Perser zu begeistern. Die zierten sich (»Och nö, heute nicht«), sodass der Bote am nächsten Tag 200 Kilometer nach Athen zurücklegte, um seine Nachrichten aus Marathon zu überbringen. Und der Bote klappte nicht aus Erschöpfung tot zusammen, der war natürlich putzmunter, denn das 200-Kilometer-an-einem-Tag-Laufen war eben dessen Job, dafür hatte er trainiert.

Auf dem Thüringer Rennsteig komme ich noch mal auf die gute alte WDG, die Wanderdurchschnittsgeschwindigkeit, zurück. Am ersten Tag ging ich 27 Kilometer (WDG 5,40 km/h), am zweiten Tag 51,5 Kilometer (WDG 5,01 km/h). Außerdem legte ich bei der Rekordwanderung am zweiten Tag eine saubere Drei-Autokennzeichen-Wanderung hin und ging durch den Ilm-Kreis (IK), den Kreis Sonneberg (SON) und den Kreis Kronach (KC).

Aufführungsdauer

Am ersten Tag 5 Stunden mit 40 Minuten Pause,
am zweiten Tag 11 Stunden und 14 Minuten
mit insgesamt 67 Minuten Pause

Programmheft

Topographische Karte »Rennsteig auf 5 Einzelkarten«, 1:50.000.
Braucht man beim Wandern als Orientierung überhaupt nicht,
da die Mareile allgegenwärtig ist. Zur Vorbereitung hingegen
vor allem wegen des Höhenreliefs unverzichtbar.

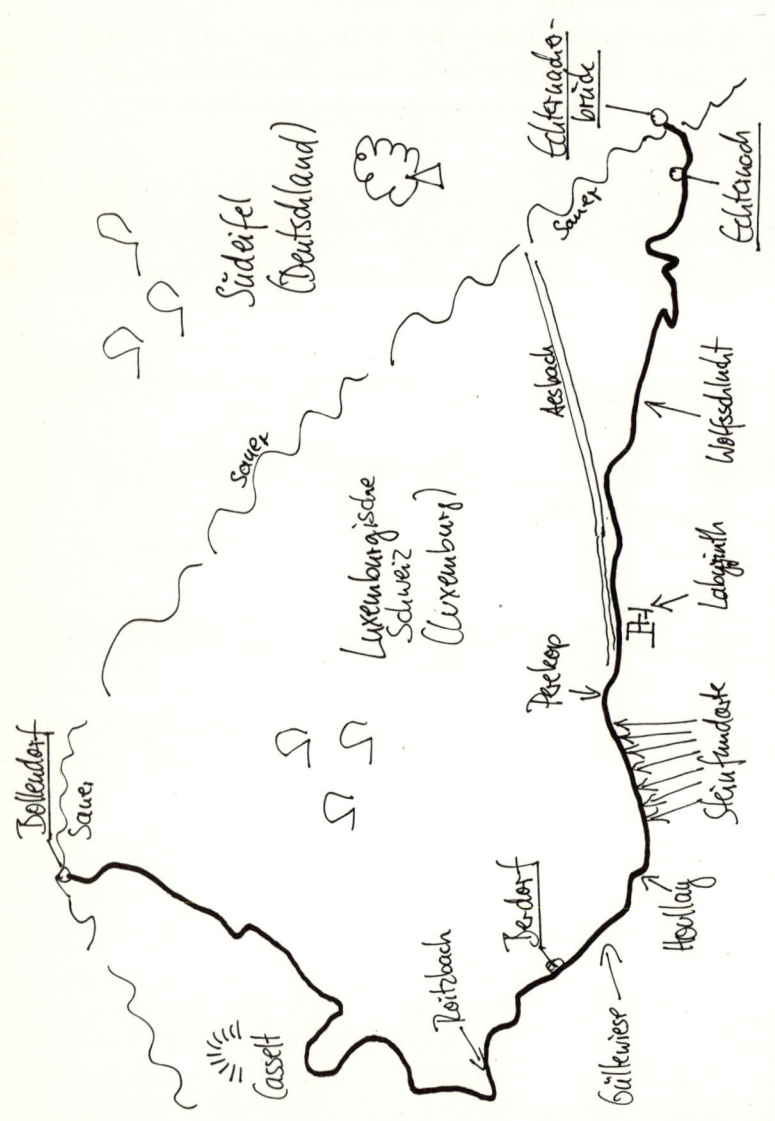

Luxemburg

Luxemburg, 12 Points

EIN SCHWANK IN ZWEI AKTEN

Personen
Doro   Meine Frau
Luxemburger Volk

Schauplatz ist die Luxemburgische Schweiz,
die Zeit April 2006.

Die Sauer ist ziemlich unbekannt. Sowohl als Grenzfluss als auch als Fluss überhaupt. Den Rhein kennt jeder, die Neiße oder die Oder. Dazu passt, dass die Sauer die Grenze zu Deutschlands kleinstem Nachbarland bildet: Luxemburg. Dieses Grenzgebiet kenne ich von zahlreichen Urlauben in der Südeifel. Da ich im Urlaub fast jeden Tag wandere, war ich auch schon oft auf der Luxemburger Seite, in der Luxemburgischen Schweiz. Mir ist natürlich klar, dass dieses Gebiet nicht im strengeren Sinne zum deutschen Mittelgebirge gerechnet werden kann, aber zum Wandern ist es dort einfach derart schön, dass ich es keinesfalls unterschlagen möchte.

Ich war mit dem Bus nach Echternacherbrück, einem Ort auf der deutschen Seite der Sauer, gefahren und erreichte das luxemburgische Echternach über eine alte Grenzbrücke. Die kleine Innenstadt versetzte mich in die Welt meines Französischbuchs des siebten Schuljahrs: Boucheries, Bar-

Cafés, Pharmacies, Telephones, alles Vokabeln, bei denen man schon im Unterricht immer weggehört hatte. Ich war, zum Verdruss meines frankophilen Vaters, so schlecht in Französisch, dass ich in diesem Fach die einzigen Sechsen meiner Schullaufbahn schrieb. In Echternach orientierte ich mich an den Auslagen, und der erste Lernerfolg stellte sich schnell ein: Stimmt, Boucherie heißt Metzgerei! Wer nicht so gut Französisch kann und sich in Luxemburg aufhält, muss das Glück haben, an einen Deutsch sprechenden Luxemburger zu geraten. Das gelingt genau wie in Holland immer seltener. Meistens sprechen die jungen Menschen in Holland und Luxemburg nur noch Englisch. Was jedoch wirklich keinem, selbst dem enthusiastischsten Europäer zuzumuten ist, ist das Erlernen des letzeburgischen Idioms. Diese Sprache, eine Mischung aus Eifeler Platt, Flämisch und etwas Undefinierbarem, ist wirklich den Bewohnern des Großherzogtums vorbehalten.

Am Rand der Innenstadt liegt der Busbahnhof, von dort führt ein Wanderweg bergan. Ich folgte einem nur 50 Zentimeter breiten und gepflasterten Weg. Der Kopfsteinpflasterwanderweg muss eine spezielle luxemburger Variante sein. Schnell gewann ich an Höhe und ging entlang der Sauer zur Wolfsschlucht. Mächtige Sandsteinblöcke links und rechts, jedoch nicht so verwittert, wie ich es aus anderen Gegenden kenne, eher glatte Felsflächen, wie von Menschenhand erschaffen. Sie wirkten wie Mauern einer riesigen Festung: eine luxemburgische Alhambra.

Ich erreichte den Aesbach und folgte ihm ins Landesinnere. Ich hatte nicht viel Zeit zu verlieren, war ich doch erst nach 16 Uhr gestartet. Für mich ungewöhnlich, bin ich doch ein Morgenstund-hat-Gold-im-Mund-Frühwanderer. Aber es hatte sich heute so ergeben, und der nachmittägliche Termin passte zum französischen Ambiente der Wanderung. Hier musste ich nicht seit den Morgenstunden fleißig-deutsch mein Wanderpensum wegwandern. Non, c'est la vie, mon Dieu, man macht sich keinen großen Kopf über das Morgen und Übermorgen, lässt erst einmal den halben Tag verstreichen, setzt sich dann vielleicht zu einem achtgängigen Mittagsmenü zu Tisch, trinkt währenddessen fünf Flaschen Rot- und Weißwein, und dann – voilà – bricht man doch noch zu einer Wanderung auf. Ganz so war es bei mir nicht gewesen, aber im Geiste hing ich dieser frankophilen Wanderbeschwingtheit nach.

Am Aesbach wechselten die Felsattraktionen im Viertelstundentakt. Zunächst kam das »Labyrinth«. Na ja, so richtig verlaufen konnte man sich dort nicht, ich brauchte keinen Faden der Ariadne, und der Minotaurus hätte Mühe gehabt, sich ordentlich hinter den Felsen zu verstecken. Auf der anderen Straßenseite tauchte der mächtige Perekop auf, ein gespaltener Monolith. Wie eine Reise zum Mittelpunkt des Felsens führt eine Treppe dort hinauf. Der nächste Höhepunkt ist der Houllay. Der Houllay (also Hohlfelsen) besteht aus einem ausgehöhlten Brocken. Wenn man im Houllay steht und auf die Landschaft hinausschaut, kommt man sich vor wie in der Kommandozentrale von Raumschiff Enterprise. Futuristische Anmutung plus rundes Design der Sechziger. Seit dem Mittelalter wurden hier riesige Mühlsteine herausgeschlagen. Weil Sandstein so weich ist, ging das wohl relativ gut. Die runden, welligen Spuren des Mühlensteinbruchs sind immer noch gut zu erkennen.

Oberhalb des Houllays erreichte ich das Berdorfer Plateau. Ich ging über eine frisch mit Schweinegülle gedüngte Wiese nach Berdorf. Es soll ja immer noch Menschen geben, die die unterschiedlichen Gerüche der Tiere nicht unterscheiden können. Ganz oben in der Hitparade des Wohlgeruchs steht ohne Zweifel der Pferdemist. Ist auch sehr hochwertig und wurde – zumindest vor ein paar Jahrzehnten – für die besten Weinlagen der Republik verwendet. Auch Kuhmist ist noch erträglich. Aber bei Schweinegülle muss man sich fast übergeben. Man hat das Gefühl, der eigene Körper sei durch den Gestank komplett verseucht. Man kann nur versuchen, schnell über so eine Wiese zu gehen und nur noch durch den Mund zu atmen.

In Berdorf riefen sich die Kinder in ihrem außerirdischen Kauderwelsch Fröhliches zu. Am Rinnstein saß eine schwangere Frau neben ihrem Mann im Trainingsanzug, der ein Bier trank. Ich erreichte das Ende des Ortes und ging den Roitzbach entlang zum Roitzbachley, der auf Französisch Gorges du Roitzbach und auf Luxemburgisch Roitzbachschlüff heißt. Teilweise war es hier so eng, dass ich meinen Rucksack abnehmen und mich seitlich durch die Klüfte hindurchschieben musste. Oben angekommen, fand ich eine Eins-a-Aussicht vor. An diesem Aussichtspunkt, das kann man ja ruhig verraten, ist das Foto auf der Rückseite dieses Buches gemacht worden.

Nachdem ich lange genug wie Caspar David Friedrichs Wanderer in die Landschaft gestarrt hatte, stieg ich auf einem anderen Weg den Roitzbachley wieder hinunter. Was folgte, waren unzählige weitere Kletterspielplätze. Eine halbe Stunde später erreichte ich den Aussichtspunkt Casselt und ging zur Sauer hinunter nach Bollendorf. Wenn ich beschreiben würde, wie ich dorthin gelangt bin, müsste ich schlagartig zum Wanderführer mutieren. Keine Lust. Ich gebe nur vier Tipps:

- Es ist ein bisschen wie eine Schnitzeljagd.
- Gehen Sie nicht ohne Wanderkarte durch den Wald.
- Vertrauen Sie nicht unbedingt den Hinweisschildern nach Bollendorf (zweimal geben sie den richtigen Weg an und zweimal nicht).
- Sobald Sie Bollendorf sehen, peilen Sie bitte den Kirchturm an und gehen immer den direkten Weg bergab.

Ich ging über die Sauer nach Bollendorf, und in der ersten Gaststätte bestellte ich mir ein Wandertaxi und fuhr zurück in mein Urlaubsdomizil.

Meiner Frau Doro erzählte ich von der Wanderung, und wir beschlossen, am nächsten Tag gemeinsam nach Luxemburg zu fahren. Wir parkten unterhalb des Perekops und gingen in Richtung Houllay.

Doro mit dem geologischen Hammer

Sehr weit sind wir nicht gekommen. Doro wandert eigentlich sehr gerne. Nur wandert sie anders als ich. Zunächst mag sie keine Gewaltmärsche und größeren Steigungen. Und vor allem interessiert sie sich für alles, was sie zu ihren Füßen findet. Bei ausgedehnten Strandwanderungen (dort sind meistens keine nennenswerten Steigungen zu verzeichnen) sammelt sie Muscheln und Steine in allen Größen und Formen. Bei unserer ersten gemeinsamen Wanderung in der Eifel suchte meine Frau, wie sie es vom Meer gewohnt war, auch an einem kleinen Flusslauf den Boden ab und entdeckte die Versteinerung einer größeren Muschel. Seit diesem Zeitpunkt wurde es zunehmend schwieriger, mit Doro längere Strecken zu gehen. Ich sehe nur Stein neben Stein und laufe weiter. Sie hat den Fossilienblick und entdeckt immerzu versteinerte Kuriositäten. Nach unserer letzten Fossiliensuchwanderung zählte Doro 306 Versteinerungen und skurrile Steine. Genau konnten wir die meisten Steine allerdings nicht zuordnen. Waren es runde Muscheln oder versteinerte Nacktschnecken? Ein Stein sah aus wie ein furchterregendes Manga, ein anderer wie ein Fat Car des Künstlers Erwin Wurm. Und auf einem Stein mit länglicher Form konnte man eindeutig das Gesicht von E.T. erkennen. Dabei ist Doro nicht kriminell. Da sie kein Steinedieb ist, hat sie ihre größten Schätze vor ein paar Jahren einem Maar-Museum in der Eifel zur Verfügung gestellt. Das sei Vorschrift, heißt es. Der Herr vom Maar-Museum nahm die Schenkung jedoch ohne ein Zeichen der Begeisterung entgegen.

Mit einem geologischen Hammer buddelt Doro die Steine aus und zerklopft sie an Ort und Stelle. So findet sie direkt heraus, ob es sich um eine fossile Versteinerung handelt. Man kann sich mit dem Hammer auch gut an Böschungen abstützen oder auch Spaziergänger vertreiben, die am Wegesrand gaffen.

Dieses Foto entstand kurz bevor ich mich flachlegte.

Ich gebe zu, dass ich nicht immer sehr begeistert war, auf Doro zu warten. Ich wollte zügig vorankommen, sie wollte eher verweilen und nach »Kostbarkeiten« suchen. Inzwischen haben wir uns ganz gut arrangiert. Wenn ich lange Märsche unternehmen will, gehe ich eben alleine oder mit Kumpels los. Wenn ich mit meiner Frau wandere, richte ich mich einfach darauf ein. Zunächst schaue ich mich nach einem guten Platz zum Sitzen um, während Doro ihr Jagdrevier absteckt. In der Umgebung des Perekops gab es in der Mitte des Baches moosbewachsene Steine. Wenn man wandert, empfindet man die Landschaft als Film, der sich verändert und bewegt. Wenn man sitzt und mit viel Muße in die Gegend schaut, wird aus dem Film ein Standbild, ein Gemälde. Aber – das muss hier mal gesagt werden – auch an der schönsten Landschaft hat man sich irgendwann satt gesehen.

Am Perekop las ich Zeitung und in einem Buch. Nachdem Doro nach einer Stunde den Aesbach an dieser Stelle leergesucht hatte, gingen wir ein paar hundert Meter weiter, bis es wieder einen guten Zugang zum Bach gab. Ich streckte mich auf einer Bank aus und schlief anderthalb Stunden. Doros Beute war wieder enorm gewesen, und während ich jetzt erholt noch einige Kilometer hätte wandern können, hatte sie aufgequollene Hände und Rückenschmerzen vom ständigen Knien und Bücken. So kehrten wir direkt zum Auto zurück.

Ich kann die Luxemburger Schweiz jedem passionierten Wanderer nur ans Herz legen. Dort finden sich anspruchsvolle Wege, und auch Doro mit ihrem Faible für Geologie (dazu in einem Exkurs gleich mehr) und Fossilien kommt immer auf ihre Kosten. Und wenn man Kinder hat, sollte man die Gegend um den Roitzbachley besuchen. Das ist besser als jeder Vergnügungspark, eine wahre Achterbahntour in und auf Felsen. Die Luxemburgische Schweiz ist das schönste Wandergebiet von Luxemburg, wahrscheinlich sogar der Benelux-Staaten. Für diesen Vortrag Luxemburgs im Grand Prix d'Eurovison de la Wanderpreis gibt es von mir: 12 Points.

Aufführungslänge
14 Kilometer am ersten Tag, 500 Meter am zweiten Tag
Aufführungsdauer
3 Stunden 57 Minuten mit einer 22-minütigen Pause
am ersten Tag und ungefähr 3 Stunden mit (für mich)
fast 3 Stunden Pause am zweiten Tag

Programmheft

»Naturpark Südeifel, topographische Karte« 1:25.000, Blatt 3 (Süd) Irrel, Echternach. Die Karte ist nicht mehr aktuell, was die Wegemarkierung angeht, vor allem um Bollendorf herum. Empfehlenswert ist der Wanderführer: »Sauertal ohne Grenzen«. Das Buch enthält nicht nur die üblichen Wandervorschläge. Eine echte Hilfe ist die Übersicht am Ende jeder Tour, wie viele Kilometer über Landstraße, Dorfstraße, Fahrweg und Fußweg führen, auch die kundigen Texte über Hopfenanbau, historische Eisenbahnen, Panzerwerke, Stockhäuser, Wegkreuze, Kohlenmeiler, Mühlen und das Lehnswesen sind lesenswert!

Der Merksatz der Geologie

Sich für Geologie zu interessieren hat ungefähr den gleichen Coolness-Faktor wie Pepitahütchen zu tragen, Physik zu studieren oder Fan des VfL Wolfsburg zu sein. Aber Geologie hat zu Unrecht dieses Langweilerimage, wobei es der Geologe wissensdurstigen Laien mit seinem Fachchinesisch auch nicht leicht macht. Da mein zweiter Vorname »Didaktik« ist, versuche ich mal auf zwei Seiten die gesamte Geologie Deutschlands verständlich zu erklären.

Nehmen wir als Bild eine sehr, sehr alte Wohnung. Das ist die Erde. In dieser Wohnung gibt es eine Wand, wo in vielen, vielen Jahren verschiedene Tapetenschichten übereinandergeklebt wurden. An einigen Stellen sind die Tapeten eingerissen oder haben (wegen Feuchtigkeit) Blasen geworfen. Die neueste Tapete deckt dabei nicht zwingend alle anderen Schichten ab. Manchmal ist die neueste Schicht abgekratzt, und es scheinen alte Tapeten durch. So ist es auch in der Geologie. Die Meere, die im Laufe der Jahre über Deutschland geschwappt sind, haben Sand, Geröll und Steine hinterlassen, und die haben sich übereinandergeschichtet. Die ältesten Steine in Deutschland finden sich im Bayerischen Wald und sind 3,8 Milliarden Jahre alt, also ziemlich unfassbar alt. Deutschland existierte damals auch nicht ansatzweise in der heutigen Form. Durch den Bayerischen Wald ging der Äquator, und alles war Teil des großen Urkontinents Gondwana. Wahrscheinlich wurde aber damals dort schon Bayrisch gesprochen.

Für die deutschen Mittelgebirge waren andere Phasen entscheidend. Mit den unterschiedlichen Erdzeiträumen kam

Ein 3,8 Mrd. Jahre alter Stein im Bayerischen Wald und ein starker
Hobby-Geologe

ich immer durcheinander. Es gibt aber auch im Gegensatz zu den Planeten (»Mein Vater erklärt mir jeden Sonntag unsere neun Planeten« für die Reihenfolge von Mars, Venus, Erde, Merkur, Jupiter, Saturn, Uranus, Neptun und Pluto) keinen Spruch, um sich die urzeitlichen Epochen zu merken.

Das ist die Reihenfolge der Erdzeitalter:

Devon   (395–345 Mio. Jahre)
Karbon (345–280 Mio. Jahre)
Perm   (280–225 Mio. Jahre)
Trias   (225–190 Mio. Jahre)
Jura   (190–136 Mio. Jahre)
Kreide (136–65 Mio. Jahre)
Tertiär (65–2 Mio. Jahre)
Quartär (2 Mio. Jahre bis heute)

Und das sind vier mögliche Merksätze:

1. Drei Könige planten, theoretisch jeden- falls, keinen totalen Quatsch.
2. Die Kinder pieksten tagelang jeden Kada- ver toter Quallen.
3. Dänen können peinliche Theorien jedoch kaum tolerieren, quasi.
4. Dieter konnte plötzlich tausend junge Kartoffeln teigig quetschen.

Okay, ist immer noch schwierig zu merken, vergessen Sie also außer Trias und Jura erst einmal alles andere. In diesen Zeiträumen entstanden die meisten landschaftlich prägenden Gebiete der deutschen Mittelgebirge. Im Trias sind, wie der Name schon andeutet, drei kürzere geologische Phasen vereint. Zunächst entstand aus Flussablagerungen der rote Buntsandstein. Den hat wahrscheinlich jeder Wanderer schon einmal gesehen. Nach dem Buntsandstein kam eine Phase, in der zum Beispiel in der Eifel ein flaches Meer existierte. Als sich das Meer verflüchtigte, blieben die Muscheln und kleine Meerestiere zurück und wurden im Muschelkalk eingeschlossen. Nachdem das Meer abgeflossen war, bildeten sich Binnenseen, das war die dritte Zeitspanne des Trias. An den Uferregionen lagerte sich der Keuperton ab, ein heller Stein.

An unserer Wohnungswand sehen wir nun eine rötliche Tapete, eine mit Muschelmustern und eine helle Tapete übereinander. Im anschließenden Jura bringen dann Flüsse aus Richtung Norden (die Fließrichtung war damals anscheinend umgekehrt) Sand in die deutschen Mittelgebirge. Es entstanden riesige Platten aus weichem Sandstein, die in einzelnen Gebieten der Eifel (Irrel, Rurtal und Luxemburg) und Sachsens (Sächsische und Böhmische Schweiz) vorkommen. Im Tertiär (also vor nicht allzu langer Zeit) hob sich das uralte Schiefergebirge, das schon im Devon entstanden war, und durchbrach die jüngeren Schichten so, dass an einigen Stellen auf kleinstem Raum verschiedene Gesteinsarten zu finden sind. Hier sind fast alle Tapetenschichten zu erkennen.

Erdgeschichtlich sind die Alpen ein Kükengebirge, gerade seit zehn Millionen Jahren faltet es sich empor. Aber auch an einigen Orten der Mittelgebirge bewegt sich das Gestein und wächst bis zu einem Millimeter im Jahr. Das sind in einer Million Jahren schon 1000 Meter, und, Sie werden es schon noch sehen, in drei oder vier Millionen Jahren haben Spessart, Hunsrück und Harz die Alpen als Hochgebirge abgelöst, und das neue St. Moritz und das neue Jungfernjoch befinden sich in Quedlinburg, Kastellaun und Miltenberg. Schöne Aussichten.

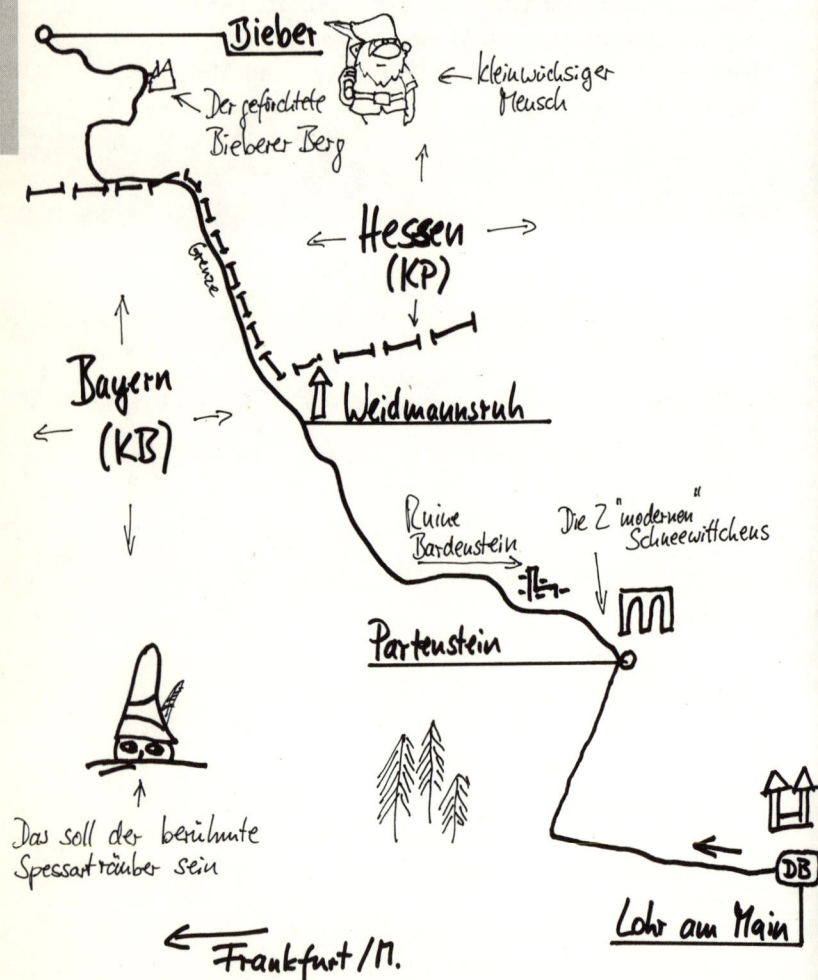

Bieber

← Kleinwüchsiger Mensch

↙ Der gefürchtete Bieberer Berg

← Hessen → (KP)

Grenze

↑ Bayern ↓ (KB) ←

⇧ Weidmannsruh

Ruine Bardenstein

Die 2 "modernen" Schneewittchens ↓

Partenstein

↑ Das soll der berühmte Spessarträuber sein

Lohr am Main

DB

← Frankfurt/M.

Der Schneewittchenfluchtweg
EIN TRAGIKOMISCHES MÄRCHEN

Personen

Christoph Philipp von Erthal	Schlossherr zu Lohr
Maria Sophia von Erthal	Seine Tochter, Spitzname Schneewittchen
Claudia Elisabeth von Erthal	Stiefmutter
Zwei kleine Wanderer	

Schauplatz ist der Spessart, die Zeit Juni 2006.

Bekanntlich fangen viele Märchen der Gebrüder Grimm mit einer ungefähren zeitlichen Zuordnung der Geschichte an. Mit »Es war einmal ...« wird der Leser in eine weit zurückliegende Welt entführt, in der sich Frösche in verwunschene Prinzen verwandelten und gute gegen böse Feen kämpften. Und in dieser Welt spielten die Wanderschaft und der Wald eine sehr große Rolle. Im Märchen wurde viel gewandert, es sei denn, man ergatterte das halbe Königreich und die schöne Königstochter und konnte sich per Pferd oder Kutsche fortbewegen. Für die anderen blieb der Ritt auf Schusters Rappen für die Durchquerung der Wälder, in denen Räuber und wilde Tiere hausten. Das hat sich seit Erfindung der Eisenbahn und des Autos verändert. Aber auch die modernen Massenkommunikationsmittel haben dafür gesorgt, dass erheblich weniger gelaufen wird. Man muss nur bei Dostojewski nachlesen, wie dort hin und her gerannt wird, um

193

Nachrichten, mündlichen oder schriftlichen Ursprungs, zu übermitteln. Da kommen täglich ein paar Kilometer Wegstrecke zusammen.

Bei den Gebrüdern Grimm wurde gewandert, was das Zeug hielt, allen voran die Handwerksburschen. Das tapfere Schneiderlein wanderte genauso wie der Hans im Glück und die drei Schneidersöhne im Märchen »Tischlein deck dich, Goldesel und Knüppel aus dem Sack«. Und Brüderchen und Schwesterchen liefen von zu Hause fort, weil sie es unter der Knute ihrer bösen Stiefmutter nicht aushielten, und ließen sich in einer Hütte im Wald nieder. Aber der Wald war – wie gesagt – gefährlich. Der Wald war kein angenehmer Ort der Erholung und Entspannung wie im 21. Jahrhundert. Im Wald lauerten die böse Hexe (Hänsel und Gretel) und der Wolf im Bett der Großmutter (Rotkäppchen). Im Wald standen die Räuberhütte (Die Bremer Stadtmusikanten) und der türlose Rapunzelturm. Vielleicht sah man im Wald aber auch ein irres Männchen um ein Feuer herumtanzen, das hinausposaunte, dass es Rumpelstilzchen heiße, was aber keiner wissen dürfe. Der deutsche Wald, ein Hort von Psychopathen und Schwerverbrechern. Und in den Wald musste auch Schneewittchen hinaus, denn die böse Stiefmutter hatte sie dort dem Jäger überlassen, der sie töten sollte. Er brachte es aber nicht über sein Herz, und Schneewittchen floh über die sieben Berge zu den sieben Zwergen.

Diesen Fluchtweg des Schneewittchens findet man zwischen Lohr am Main und Bieber im Spessart. Es ist eigentlich ziemlich plausibel, dass die Gebrüder Grimm auf der Suche nach Stoffen für ihre Märchensammlung in Lohr auf die Schneewittchen-Geschichte gestoßen sein könnten. Lohr liegt immerhin im Einzugsgebiet der Brüder, die um Kassel und Göttingen herum ihre Märchenfindungsnetze ausgeworfen hatten. In der Märchenforschung ist es erwiesen, dass der

Das Schloss in Lohr

Schneewittchen-Weg historisch nicht belegt werden kann. Trotzdem gibt es große Übereinstimmungen.

Ich startete am Schloss in Lohr am Main. Dort residierte der Freiherr Christoph Philipp von Erthal. 1729 wurde seine Tochter, das Freifräulein Maria Sophia Margaretha Christina von Erthal geboren. Ihre Mutter verstarb früh, und der Freiherr nahm sich eine neue Frau, Claudia Elisabeth von Erthal, geborene von Reichenstein. Die war natürlich schön, aber böse. Freiherr Christoph Philipp war Direktor der Lohrer Glasmanufaktur und schenkte der bösen Stiefmutter einen prächtigen Spiegel. Diesen Spiegel, den die äußerst selbstsüchtige Freiherrin ständig um Rat befragte, sah ich im Spessartmuseum, das sich im Schloss befindet. Dort werden auch die Schneewittchen-fluchtschuhe aufbewahrt. Ein Echtheitszertifikat liegt leider nicht vor, aber der Glaube versetzt bekanntlich Berge.

Das Spieglein an der Wand

So wie einst das arme Kind mit dem Jäger stieg ich die Anhöhen hinauf. Im Waldgebiet zwischen Lohr und Partenstein studierte ich die Forstwege-Typologie des Spessarts. Ich ging über matschige, geteerte, geschotterte, bewieste und zugewachsene Forstwege. Bergab nach Partenstein lief ich mehr als ich ging. Aber auf einem Fluchtweg sollte man nicht bummeln. Flüchten ist kein Spaß, flüchten ist Stress! In Partenstein hinter einem Eisenbahnviadukt traf ich auf zwei moderne Wiedergängerinnen des Schneewittchens. Die Haare so schwarz wie es das Färbemittel zuließ, die Haut so bleich, als wären beide schon lange nicht mehr an die frische Luft gekommen, und die Lippen so rot wie Lippenstift. Die beiden hat-

Nicht die Schuhe von Aschenputtel, sondern die von Schneewittchen

ten keine Eile und machten auf einer Bank Erinnerungsfotos. Sie waren nicht auf der Flucht.

An der Burgruine Bardenstein machte ich eine kurze Rast und aß eine Tafel Schokolade. Das arme Schneewittchen hatte wahrscheinlich auf seiner langen Flucht nichts dabeigehabt. Allerdings kann die Menge des Proviants entscheidend sein, wie im Märchen »Die beiden Wanderer«, das zu den eher unbekannten der Gebrüder Grimm zählt. Nichts für zartbesaitete Seelen, ein Wanderepos um Schuld und Sühne.

Zwei Handwerksburschen, ein fröhlicher Schneider und ein mürrischer Schuster, beschließen, zusammen auf Wanderschaft durch die großen Städte zu gehen. Der Schneider ist ein wahrer Hallodri, verdient gut und haut mit dem Schuster gemeinsam das Geld wieder auf den Kopf. Auf dem Weg zur prachtvollen Königsstadt müssen die beiden durch einen großen Wald. Dort führen zwei Wege hindurch. Der eine dauert sieben Tage lang, der andere zwei. Kein Mensch weiß aber, welcher Weg der kurze und welcher der längere

197

ist. Der griesgrämige Schuster sorgt für alle Fälle vor und schultert Brot für sieben Tage. Der lebenslustige Schneider sieht überhaupt nicht ein, sich unnötig abzuschleppen, verlässt sich auf Gott und sein Glück und nimmt nur Proviant für zwei Tage mit. Es kommt, wie es kommen muss, die beiden haben den längeren Weg erwischt. Am fünften Tag ist der Schneider kurz vor dem Hungertod, würde ihm der Schuster nicht von seinem Brot abgeben. »Okay, mache ich«, sagt dieser, aber »dafür will ich dir dein rechtes Auge ausstechen«. Gesagt getan, der Schuster gibt ihm das Brot, sticht ihm mit dem Messer das Auge heraus, und die beiden wandern weiter durch den unheimlichen Wald, in dem kein Ton zu hören ist und kein Sonnenstrahl hindurchdringt. Am siebten Tag muss der Schneider auch noch sein zweites Auge für Brot opfern. Nachdem die beiden endlich das Ende des Waldes erreicht haben, lässt der Schuster den blinden und damit berufsunfähigen Schneider unter einem Galgen liegen. Aber siehe da: Der Tau, vermischt mit dem Leichenwasser der Erhängten, bringt dem Blinden das Augenlicht wieder, so dass der Schneider frohgemut und sehend zur Königsstadt am Horizont weiterwandert. Dort wird er Hofschneider, muss sich aber schlimmen Intrigen seines alten Peinigers erwehren, der es inzwischen zum Hofschuster gebracht hat. Der Schneider erfüllt zahlreiche, eigentlich unlösbare Aufgaben, ist der große Held und bekommt die älteste Königstochter zur Gemahlin. Der Schuster dagegen wird aus der Stadt gejagt und empfängt seine gerechte Strafe. Die Krähen auf dem Galgen hacken ihm die Augen aus, und »unsinnig rannte er in den Wald und muss dann verschmachtet sein«. Super-Story, ein richtig guter Hollywoodstoff für eine ganz neue Filmgattung, das Wandermovie.

Eine Stunde nach Partenstein, hinter einer Waldkapelle, kam mir ein älteres Ehepaar entgegen, beide kaum größer als 1,55 Meter. Die Menschen wurden immer kleiner, je mehr ich mich Bieber, dem Ort der Zwerge, näherte. In Bieber wurde seit dem 15. Jahrhundert Silber, Kupfer und Blei abgebaut. Es gab sogar einen Bieberer Taler. Für die Arbeit in den sehr niedrigen Stollen ohne Loren und andere technische Hilfsmittel wurden bevorzugt kleinwüchsige Männer eingestellt, die durch die schwere Arbeit in gebückter Haltung oft noch kleiner wurden und einen Buckel bekamen. Zudem waren anscheinend die Menschen im Spessart wegen Mangelernährung kleiner als in anderen deutschen Landschaften. Im Bergbau setzte man auch Kinder ein, die dann aufgrund der schweren Arbeit Wachstumsstörungen hatten (siehe Oskar der Blechtrommler). Die meist kleinen Bieberer Bergleute wurden dann im Volksmund zu Zwergen. Die putzige Zwergenzipfelmütze war zudem Teil der mittelalterlichen Bergmannstracht: Man trug Kapuze. Das ist auch der ikonographische Hintergrund des klassischen Gartenzwergs. Mit der Zipfelmütze, der Schubkarre und der Spitzhacke möchte er nicht den Vorgarten umgraben, sondern im Bergwerk nach Silber suchen.

Eine Stunde hinter der Waldkapelle kam ich an den Pavillon Weidmannsruh, der aussah wie ein römischer Wachturm: viele Holzplanken, wenige Fenster und Türen und acht Meter hoch. Hier soll angeblich der Jäger Schneewittchen freigelassen haben. Ganz schön weit waren die beiden zu zweit marschiert. Hatte er sie die ganze Zeit hinter sich hergeschleift, oder war sie freiwillig mitgegangen? Auf jeden Fall war der Freilassungspunkt strategisch günstig gewählt. 200 Meter hinter Weidmannsruh endet nämlich das bayrische Territorium, und das hessische beginnt. Dort war die Wahrscheinlichkeit für Schneewittchen höher, sich dem Zugriff ihrer Eltern zu entziehen. Ich ging nun genau auf der Grenze zwischen den beiden Bundesländern und ehemaligen Königreichen. Auf der einen Seite sah ich Grenzsteine mit der Aufschrift KB (steht nicht für Kilobyte, sondern für Königreich Bayern), auf der anderen mit der Aufschrift KP (nicht Kommunistische Partei, sondern Königreich Preußen). Langsam wurde mir klar, dass ich genau auf der Gesinnungs- und Geschmacksgrenze ging, die viele Menschen als »Weiß-wurstäquator« bezeichnen.

Nach einer längeren Rast am Wiesbüttsee verlief der Schnee-wittchenfluchtweg eine halbe Stunde lang parallel zum ältesten Fernwanderweg des Spessarts, dem Eselsweg, benannt nach den Eseln, die wertvolles Salz durch den Spessart transportierten. Man hatte den Höhenweg zum Schutz vor den in den Tälern wohnenden Räubern angelegt. Wie kein anderes deutsches Mittelgebirge ist der Spessart verbunden mit einem Gebäude, dem berühmten Wirtshaus, in dem diese mordlustigen Buben hausten. Bei Wilhelm Hauff bildet das Wirtshaus im Spessart die Rahmenhandlung für weitere Geschichten. Die dort abgestiegene Reisegruppe muss realisieren, dass sie in eine Räuberhöhle geraten ist, und vertreibt sich die Zeit unter anderem mit der Erzählung »Das kalte Herz«. Im Schloss von Lohr hatte ich gesehen, dass das original Spessart-Wirtshaus sehr unromantisch vor Jahren einer Autobahnraststätte zum Opfer gefallen war.

An einem Waldrastplatz ging es bergab Richtung Bieber. Ich war in Zwergenbergbaulaune und pfiff laut das Zwergenlied (»Hei ho, hei ho, was sind wir wieder froh«). Kein Scherz, die Vögel des Waldes versuchten ernsthaft, mir Konkurrenz zu machen. Ich überquerte eine Landstraße und ging, statt

Das Ende einer Wanderung: Die Zwergen-Kneipe in Bieber

auf dem kürzesten Weg hinunter nach Bieber, noch einmal bergan zum Burgberg. Ob Schneewittchen auch diesen Umweg gemacht hat? Ich beendete die Wanderung in der Gaststätte »Bieberer Stollen« im Ortskern. Enttäuscht war ich, als in der Gaststätte nur normal gewachsene Menschen saßen. Ich hatte mir das anders vorgestellt. Bieber schien kein Ort zu sein, in dem im 21. Jahrhundert eine siebenköpfige reine Männer-WG wohnen möchte, egal welcher Körpergröße.

Das Besondere am Schneewittchenfluchtweg ist, dass er im Unterschied zu anderen Wegen nur in eine Richtung gegangen werden kann. Normalerweise ist es egal, ob man einen Wanderweg rechts herum oder links herum, von Norden nach Süden oder umgekehrt geht. Aber von den Zwergen in Bieber ins Lohrer Schloss zu flüchten wäre gegen die ganze Intention. Die Wegemarkierung berücksichtigt diesen Umstand, die Pfeile weisen nur in nördliche Richtung.

Um das Schneewittchen-Gefühl zu erleben, sollte man die 35 Kilometer an einem Stück gehen, abends ankommen, von kleinen Tellern essen und sich dann todmüde in das erstbeste Bettchen fallen lassen. Ursprünglich hatten die Gebrüder Grimm ihre Märchen nicht ausschließlich für Kinder gesammelt, und so ist auch dieser Weg nicht wirklich ein Kinderweg. Dafür ist er einfach viel zu lang. Er ist aber trittsicher, und es gibt keine spitzen Steine, von denen im Märchen die Rede ist.

Sehr gut war meine Heimreise. Von Bieber aus nahm ich ein Taxi zurück nach Lohr. Zum einen war es ein gutes Gefühl, eine halbe Stunde lang auf der Bundesstraße im Tal die Strecke mit dem Auto zu fahren, die man vorher gewandert war. Zum anderen war das genau der Weg, den die böse Stiefmutter bei ihren diversen Mordanschlägen genommen hatte. Sie war nämlich nicht den beschwerlichen Waldweg gelaufen, sondern war (zu Pferd?) im Tal von Lohr nach Bieber ins Zwergenhaus gereist. Dieser bequeme Weg hat ihr nichts genutzt. Es ist eben manchmal doch besser, beschwerlich auf der Höhe wandernd ans Ziel zu kommen.

Aufführungslänge
35 Kilometer
Aufführungsdauer
7 Stunden und 38 Minuten
mit insgesamt 70 Minuten Pause.
Programmheft
»Kompass Wander- und Bikekarte Spessart«, 1:50.000.
So ganz klar wird anhand der Karte nicht, wo der Schneewittchenweg verläuft, man braucht aber eigentlich keine Karte, da der Weg ausgezeichnet markiert ist.

WANDER WELTMEISTERSCHAFT
2006
SCHLADMING
ROHRMOOS

Die Wanderweltmeisterschaft

EIN EPISCHES DRAMA

Personen

Stöcke-Mann
Jogging-Mann
Jogging-Frau   Konkurrenten
Parka-Mann   um den Titel
Speedy-Mann   des Wanderweltmeisters
Graz-Mann

Bergführer in roter Jacke
Bikini-Frau
Die Jaga-Buam

Schauplatz ist Schladming in Österreich,
die Zeit Juni/Juli 2006.

Die Erwartungen in der Heimat waren riesengroß. Mein Verlag verlangte nichts weniger als den Titel von mir und meine Frau verabschiedete mich mit den Worten: »Gewinn', aber komm heil nach Hause.« Und auch ich hatte mir klinsmannesk zum Ziel gesetzt, Wanderweltmeister zu werden.

So fuhr ich nach Schladming in der Steiermark, wo inzwischen schon die vierte Wanderweltmeisterschaft ausgerichtet wurde. 600 Wanderer aus 17 Nationen hatten sich angemeldet und wer in den drei Tagen die meisten Kilometer wandern würde, wäre der neue Weltmeister. Auf Schnellig-keit kam es dabei nicht an.

Nach einigen Rückschlägen im Winter (als mich mein Freund Victor im Pfälzer Wald mehrfach am Berg stehen ließ) hatte ich im Frühjahr kontinuierlich an meiner Form gearbeitet. Und nach zwei längeren Strecken auf dem Renn-steig und im Spessart fühlte ich mich fit, sodass ich mich drei Wochen vor dem Wettkampf schonte. Denn nach der mo-dernsten Wandertrainingslehre war Regeneration vor dem Wettbewerb das Wichtigste.

Einen Tag vor Beginn der WM traf ich in Schladming ein. Schladming liegt auf halbem Weg zwischen Salzburg und Graz an der Enns in der Dachstein-Tauern-Region. Die Berge waren erdrückend. Als Mittelgebirgsmensch fühlte ich mich umzingelt.

Kurz nach meiner Ankunft ging ich ins WM-Büro und holte meine Startkarten ab. Mit ihnen bereitete ich am Abend meine Taktik vor. Für den ersten Wettkampftag wur-den drei unterschiedlich lange Wanderungen angeboten. Schon als man mir die Startunterlagen übergab, wies man mich darauf hin, dass ich nur eine Chance auf den Titel haben würde, wenn ich mehrere Touren kombiniere. Dabei durfte nur in der Zeit zwischen neun Uhr und zwölf Uhr gestartet werden. Man konnte also nicht zuerst eine lange Tour gehen, da man dann für eine zweite Runde zu spät los käme. Spätestens um 17 Uhr mussten alle wieder am Ziel-punkt in Schladming sein. Ich plante, zunächst eine 8-Kilo-meter-Runde zu gehen. Wenn meine Beine und meine Zeit gut wären, könnte ich noch eine weitere 8-Kilometer-Runde anschließen, um dann die 30-Kilometer-Wanderung in Angriff zu nehmen. Dieser Plan war risikolos, da ich je nach Tagesform kurzfristig auf die 25-Kilometer-Variante ausweichen konnte, um rechtzeitig im Ziel zu sein. Das Unternehmen Titeleroberung konnte beginnen.

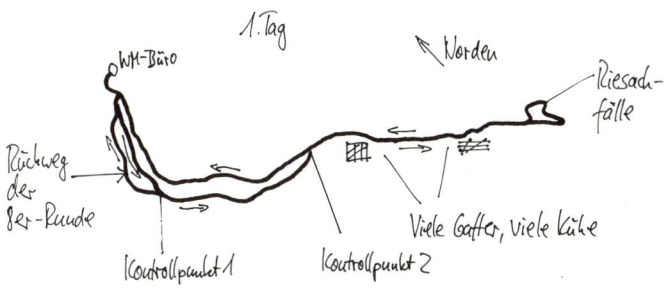

Donnerstag, 29. Juni, erster Tag der Wanderweltmeisterschaft

Die erste Wanderung

Um 8.30 Uhr stand ich vor dem WM-Büro. Unter den Teilnehmern hatte sich herumgesprochen, dass womöglich schon vor neun Uhr gestartet werden konnte. Und um 8.46 Uhr ging es mit dem ersten Zangenabdruck auf der Startkarte los.

Ich lief direkt mit zwei weiteren Wanderern vorne weg. Der eine benutzte schon auf den ersten Metern, als es noch über Asphalt ging, seine Stöcke. Der andere war ein Koloss und trug enge Joggingkleidung. Um meine härtesten Mitkonkurrenten auseinanderzuhalten, nannte ich sie Stöcke-Mann und Jogging-Mann.

Nach ein paar Minuten auf gleicher Höhe, rannte Jogging-Mann los und war weg. Das konnte ja heiter werden. Also zog auch ich das Tempo auf dem steil ansteigenden

Weg an. Nach fünf Minuten hörte ich ein Geräusch von hinten. Unglaublich, ich hätte nicht für möglich gehalten, dass mich bei diesem Tempo überhaupt jemand überholen konnte, aber schon war er vorbei gerauscht und ich hatte einen weiteren Favoriten gesehen: den Speedy-Mann. Der erste Kontrollpunkt war eine Ansiedlung, wo sich eine kleine Gruppe versammelte: Jogging-Frau (die sich tatsächlich als Ehefrau von Jogging-Mann herausstellte), Parka-Mann und Graz-Mann. Mit ihnen ging ich im Wald zurück nach Schladming. Noch nicht einmal eine Stunde hatte ich für die 8-Kilometer-Runde benötigt. Auch wenn wir den Berg hinunter mehr gelaufen als gegangen waren, die Längenangabe für diese Runde konnte nicht stimmen. Das waren geschenkte acht Kilometer und ich sah erneut meine Chance. Von Jogging-Frau hatten wir inzwischen erfahren, dass ihr Mann vorhatte, erst die 25er-Runde zu joggen und dann die 30er-Runde zu wandern. Das wären zusammen 55 Kilometer.

Inzwischen sind wir gute Freunde: zum vierten Mal am Kontrollpunkt 1.

Da konnte ich nur dagegen halten, indem ich nochmals acht Kilometer lief.

Die zweite Wanderung

Der Plan von Jogging-Mann hatte mir gezeigt, dass man bei einer Weltmeisterschaft nicht nur auf sich selbst achten darf. Um nicht überrascht zu werden, muss man auch die Taktik der anderen Teilnehmer kennen. Auf der zweiten Runde hatte ich erfahren, dass Parka-Mann und Jogging-Frau direkt die 30er-Strecke anschließen wollten. Ich nutzte erst einmal die Gelegenheit, beide am nächsten Kontrollpunkt abzuhängen. Ich trödelte so lange, bis sie sich zum 30-Kilometer-Weg aufgemacht hatten. So bekamen sie nicht mit, dass ich wieder kehrt machte und zurück zum WM-Büro ging, um mir die nächste 8er-Runde gutschreiben zu lassen. Den gleichen Plan verfolgte Graz-Mann, obwohl er sich nicht sicher war, ob man eine Strecke mehrmals gehen durfte. Auf dem Weg hinunter hatte er Angst, diese Strecke ganz umsonst zu gehen. An den Computern des WM-Büros erhielten wir Klarheit. Auch die zweite Runde wurde gewertet, wir waren nun zwei Stunden unterwegs und hatten schon 16 Kilometer auf unserem Konto. Ein Blitzstart in die WM!

Die dritte Wanderung

Und wieder ging ich mit Graz-Mann bergan und wir passierten zum dritten Mal die Kontrollstelle, wir bekamen zum dritten Mal einen Zangenabdruck und wir machten uns zum dritten Mal wieder auf den Weg hinunter nach Schladming. Diesmal trafen wir aber auf viele Langsamwanderer, die gerade auf ihren ersten acht Kilometern waren. WM-Exoten, ohne echte Chancen, die Vorrunde zu überstehen. Sie waren glücklich, überhaupt bei einer WM dabei sein zu dürfen und die prickelnde Atmosphäre zu schnuppern. Brasilianische Sambawanderinnen mit knappen Oberteilen, die um ihre Wanderstöcke tänzelten, schwedische Wanderhünen und japanische Kamikazewanderer in ihren traditionellen Trekking-Kimonos. So was gab es nur bei einer WM!

Um 11.45 Uhr hatte ich auch den dritten 8er hinter mich gebracht und konnte noch vor Ende der offiziellen Startzeit zur eigentlichen Wanderung aufbrechen.

Die vierte Wanderung

Am ersten Kontrollpunkt kehrte ich dieses Mal nicht wieder um, sondern ging weiter talwärts Richtung Riesachfälle, dem Wendepunkt der 30er-Strecke. Ich redete mir ein, eigentlich erst jetzt loszulaufen. Die drei kleinen Runden vorher waren Stadionrunden zum Aufwärmen gewesen, Dehnübungen, um locker zu werden. Ich versuchte es mir zumindest einzubilden. Außer mir war jetzt keiner mehr auf der Piste, da alle Titelkonkurrenten anscheinend schon losgelaufen waren und sich vor mir befanden. Acht Kilometer hinter Schladming kam ich an die zweite Kontrollstelle. Ab dort waren Hin- und Rückweg der 30er-Runde identisch, so dass mir viele gutgelaunte Wanderer entgegen kamen, die bereits am frühen Morgen zur längsten Wanderung aufgebrochen und nun schon auf dem Rückweg waren. Meine Laune wurde allerdings schlechter. Meinem Körper konnte ich nichts vormachen. Der wusste genau, was er bisher gewandert war. Aber Zeit für eine Pause blieb nicht, wenn ich um 17 Uhr im Ziel sein wollte. Wenn ich nicht das höchste Tempo ginge, würde ich es nicht schaffen. Immer wieder musste ich kleine und große Gatter öffnen und schließen, was lästig war und mich nur aufhielt. An jedem Gatter suchte ich erst einmal zehn Sekunden nach dem Schließprinzip (Kette, Schlaufe, Riegel, Feder), dann schloss ich das Gatter wieder, damit die friedlich grasenden und glotzenden Kühe nicht davonliefen.

Kurz vor den Riesachfällen kam mir lachend und winkend Jogging-Frau entgegen. Später traf ich auf Parka-Mann, der nun gehetzt wirkte. Sein Wanderstil hatte etwas Zwanghaftes, ähnlich wie bei Forrest Gump. Dabei hätte er es ruhig angehen lassen können. Ich war es doch, der noch den Auf- und Abstieg zum Wasserfall vor sich hatte. Wie schön wäre es gewesen, an den Riesachfällen eine Pause zu machen. Das Wasser stürzt hier tosend in die Tiefe. Doch der Zielschluss drängte und ich hastete wieder Schladming entgegen. Es waren immerhin noch 15 Kilometer. Von Zeit zu Zeit lief ich nun mit hocherhobenen Armen. Dabei wollte ich nicht schon die Siegerpose üben, sondern meinen Blutkreislauf etwas in Schwung bringen. Meine Finger waren inzwischen angeschwollen, da mir sämtliches Blut in die herabhängenden Gliedmaßen floss. Das war kein Wanderspaß mehr, das war die Wanderhölle. Als ich schließlich steil nach Schladming hinunterging, verfluchte ich auch noch meine Entscheidung, während den ersten Runden die Berge hinunter gelaufen zu sein. Das rächte sich jetzt mit Muskel- und Gelenkschmerzen.

Sieben Minuten vor Zielschluss kam ich im WM-Büro an. Die letzten Meter wäre ich am liebsten gekrochen.

Genaue Zwischenergebnisse waren an diesem Abend nicht in Erfahrung zu bringen. Ich konnte also nur mutmaßen, an welcher Position im Gesamtklassement ich mich nun befand. Kurz vor dem Ziel hatte mich noch Stöcke-Mann überholt und so ging ich davon aus, dass er und Jogging-Mann heute 55 Kilometer gelaufen waren, während ich insgesamt 54 Kilometer (in acht Stunden!) geschafft hatte. Immerhin: Ich war noch im Rennen um den Titel, vermutlich auf Platz drei, einen Kilometer hinter den beiden Führenden.

Im Drogeriemarkt traf ich Graz- Mann, der genauso viel wie ich gelaufen war. Auch er sah nicht glücklich aus. Ich empfahl ihm Blasenpflaster und kaufte mir ein Entspannungsbad. Normalerweise bin ich kein Badewannentyp, aber ich musste etwas für meine geschundenen Beine tun. Immerhin galt es am nächsten Tag auf der ersten Wanderung eine Höhendifferenz von 1.200 Metern zu überwinden. Und das auch noch bergab. Und nun tat ich etwas, was ich in meinem gesamten Wanderleben kategorisch ausgeschlossen hatte: Ich kaufte mir Wanderstöcke. Ich weiß, nicht zuletzt in diesem kleinen Büchlein habe ich darüber gespottet, aber ich wusste, wenn ich überhaupt den morgigen Tag wandermäßig überleben wollte, brauchte ich Stöcke.

Schon um 20.30 Uhr schlief ich ein und verpasste so den Festzug des Schladminger Blasorchesters von der Brauerei zum Rathausplatz und den Abend mit Captain Klug & den Zwergsteirern.

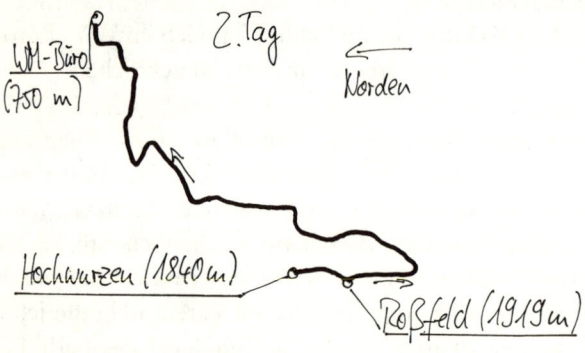

Freitag, 30. Juni, zweiter Tag der Wanderweltmeisterschaft

Die erste Wanderung des Tages war eine Sonnenaufgangs-wanderung. Um vier Uhr brachte uns ein Bus zum Gipfel. Auf dem Weg zum Bus bemerkte ich, dass ich humpelte. Während ich durch die Dunkelheit schlich, überholten mich mit forschem, frischem Schritt Stöcke-Mann und Graz-Mann. Ich war ein Nichts unter diesen Wandergiganten. Das hatte doch alles keinen Sinn, ich sollte umdrehen und abbrechen, dachte ich. Wenn ich es noch nicht einmal schaffe, bis zum Bus zu gehen, wie sollte ich heute eine Berg-wanderung überstehen. Doch schon auf dem Weg zurück ins Hotel wurde es mit jedem Schritt besser. Also machte ich wiederum kehrt. Als Letzter stieg ich in die wartenden Busse. Alle Teilnehmer waren auf eine Wanderung um diese Tageszeit eingestellt und ausgerüstet mit Taschenlampen und Stirnlampen. Einige hatten sogar Fackeln dabei. Doch schon während der Fahrt dämmerte es und zum Start der Wanderung war es schon taghell. Verschämt wurden die Illuminationshilfen weggepackt.

Vom Gipfel des Hochwurzen stiegen wir auf einen weiteren Gipfel, das Rossfeld (1.919 Meter hoch). Als Mittelgebirgsei befand ich mich nun mitten im Hochgebirge. Viele standen nun an, um sich einen Gipfelstempel für ihr Wanderbuch abzuholen. Ihnen lag nichts am Weltmeistertitel, sie sammelten Gipfel. Auch eine Leidenschaft.

Je länger es dauerte, desto unruhiger wurden die Favoriten. Jogging-Mann nörgelte in einem fort: »Gemma, Herr-schaftszeiten, gemma endlich.« Doch es handelte sich um eine geführte Wanderung und der Bergführer in der roten Jacke entschied, wann es weiterging.

Ab diesem Zeitpunkt sollte es nur noch bergab gehen. Erst schmale steinige Pfade hinunter, dann über steile Forstwege. Im österreichischen Wanderjargon heißen diese Wege, so habe ich mir sagen lassen, »Knieschnaggler«.

Auf halber Strecke wartete der Bergführer auf die Nachzügler. Auch auf mich, da ich am Ende des Feldes den Berg hinuntergestolpert kam. Die Drängler hatte er inzwischen von der Leine gelassen. »Du schwitzt aber«, sagte er zu mir, und ich wusste selber nicht, ob ich vor Anstrengung oder Hitze schwitzte. Oder ob es reiner Angstschweiß war. Auf meinen Hinweis, dass es hier schon heftig hinunterging, antwortete er nur lakonisch: »So ist das bei uns in den Bergen.« Recht hatte er und ich musste mir eingestehen, dass ich Berge nicht mochte. Ich bin gern am Meer, mir gefällt die endlose Weite, in den Bergen fühle ich mich beengt. Mit einem Bus einen Berg hinaufzufahren, um dann unter Schmerzen wieder hinunterzugehen, schien mir in diesem Moment völlig sinnentleert.

Die Morgenwanderung würde ich noch zu Ende gehen, aber keine der noch angebotenen Strecken in den Längen 6, 10 und 25 Kilometer kamen an diesem Tag in Frage. Damit waren auch alle Chancen auf den Titel futsch. Egal! Sollten diese Wanderbestien doch die Weltmeisterschaft unter sich ausmachen. Sollten sie sich doch meinethalben ohne Sinn und Verstand abhetzen. Ich hatte die Schnauze vom Wandern gestrichen voll.

Im Fußball nennt man mein Los bei dieser Wander-WM das spanische Schicksal. Die Vorrunde der WM mit Bravour überstehen, um dann im Achtelfinale auszuscheiden. Mit viel Vorschusslorbeeren starten und dann traditionell früh rausfliegen. Oder sollte ich mich mit einer schwarzafrikanischen Mannschaft vergleichen, die im Hurrastil ins Achtelfinale stürmt, später aber weder die körperliche

Fitness noch die taktische Finesse hat, um ins Finale zu kommen?

Am Nachmittag traf ich auf einen am Boden zerstörten Graz-Mann. Erst war er den Berg hinuntergestürmt und dann noch zehn Kilometer gegangen. Dann war Schluss gewesen. Er hatte sich kaputtgemacht, konnte keinen Schritt mehr laufen. Immer wieder schüttelte er den Kopf. »Warum bin ich nur vom Hochwurzen hinuntergerannt?« Ich hatte Mitleid und verspürte keine Schadenfreude. Wir hatten uns beide am ersten Tag übernommen. Gleichzeitig spürte ich, wie sich mein Körper bereits erholte. Vielleicht konnte ich am letzten Tag doch wieder mithalten.

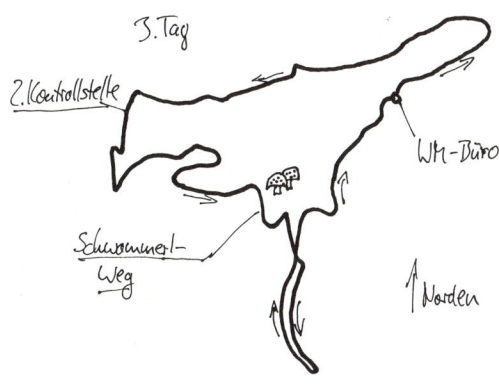

Samstag, 1. Juli, dritter Tag der Wanderweltmeisterschaft

Heute stand ein Wandermarathon auf dem Programm. Ungefähr 40 Kilometer war ich schon öfter gegangen, ich war auch schon einmal den Köln-Marathon gelaufen, aber

Der Wegweiser in die Wanderhölle

das war heute mein erster offizieller Wandermarathon. Ich war pünktlich um sechs Uhr aufgebrochen, um bis zum Zielschluss um 17 Uhr Zeit zu haben. Das erste Drittel der Strecke ging ich entlang der Enns. Nach 15 Kilometern, am zweiten Kontrollpunkt, legte ich eine kurze Rast ein. Ich setzte mich für zehn Minuten hin und aß etwas. Was ein Fehler sein sollte, denn danach fiel mir das Laufen besonders schwer. Meine Rettung war ein steiler Aufstieg über 400 Höhenmeter. Langsam bergan zu steigen, ging eigentlich immer. Hier überholte mich Bikini-Frau. Von ihr hatte ich bereits gehört, sah sie aber nun zum ersten Mal. Sie war um die 60 Jahre alt, klein gewachsen und drahtig, trug Wanderschuhe, eine Sporthose und ein sehr buntes Bikini-Oberteil, in dem ihre Brüste lustig auf und ab wippten. Ein etwas gewöhnungsbedürftiges Outfit. Auf den nächsten zehn Kilometern begegneten wir uns immer wieder, weil sie mal ein Schwätzchen mit Wanderkollegen hielt, dann überdimensionale Pilze aus Pappmaché am Wegesrand fotografierte (hier entlang lief der »Schwammerlweg«). So schaffte ich es trotz meines gemächlichen Tempos sie immer wieder einzuholen. Aber genauso schnell war sie auch schon wieder an mir vorbeigezogen.

Die Hälfte der Kontrollstellen auf diesem Wandermarathon war nicht von Mitarbeitern des WM-Büros besetzt, sondern sogenannte Selbstkontrollen. Da war eine Tafel in

Denn er wusste nicht, was er tat.

den Boden gerammt worden und daran hing eine Zange, mit der man seine Startkarte selbst lochen musste. Schummeln konnte man nicht, da jeder Zangenabdruck eine andere Form aufwies.

Kurz nach 15 Uhr kam ich schließlich wieder in Schladming an, nicht ohne Stolz. Ich hatte mich mit Anstand aus dem Turnier verabschiedet.

Am Abend gab es eine zünftige Siegerehrung in der Stadthalle. Die Jaga-Buam, zwei fesche Mannsbilder in Trachten an der Gitarre und dem Akkordeon, spielten Stimmungslieder (zu denen getanzt wurde) und Volksweisen (zu denen nicht getanzt wurde). Ich hörte keinen Unterschied.

Der Moderator des Abends kürte zunächst die zehn erfolgreichsten Wandergruppen. Dann wurden die Einzelweltmeister gekürt. Parka-Mann war fünfter geworden, Jogging-Mann war zweiter und sichtlich enttäuscht. Wanderweltmeister war Speedy-Mann mit insgesamt 194 Kilometern Gesamtleistung. Das war ein Schnitt von fast 65 Kilometer pro Tag. Ich hatte Speedy-Mann seit den ersten fünf Minuten der WM nicht mehr gesehen, aber deswegen war er auch Speedy-Mann.

Meine eigene Leistung von insgesamt 116 Kilometern reichte für den 25. Platz der Gesamtwertung und weil ich nicht aufgegeben hatte, war ich doch noch ganz zufrieden. Graz-Mann hatte schon die Heimreise angetreten und dem Vernehmen nach hatte auch Stöcke-Mann die WM nicht beenden können, da er sich an den ersten beiden Tagen übernommen hatte.

Am Ende der Veranstaltung wurden alle Teilnehmer zur Wanderweltmeisterschaft 2007 nach Innsbruck eingeladen. Ich glaube, die müssen dort ohne mich auskommen. Wie hatte der Bergführer in der roten Jacke an meinem Schicksalsberg Hochwurzen gesagt: »Ich halte nichts vom Wandern als Hochleistungssport. Wandern sollte etwas mit Naturgenuss zu tun haben.« Nie wieder werde ich sinnlos und stumpf aus falschem Ehrgeiz heraus Kilometer bolzen. Ich werde brav auf meinen Orthopäden hören und meine Gelenke schonen. Immerhin bin ich nicht mehr der Jüngste. Ich werde immer aufs Neue, bei jeder neuen Tour, die ich plane, an jeder neuen Ecke in Deutschland, die ich entdecke, in mich hineinhorchen, was das genau ist: Wandern.

Aufführungslänge

54 Kilometer am ersten Tag, 20 Kilometer am zweiten und 42 Kilometer am dritten Tag. Zusammen 116 Kilometer. Die Kilometerangaben zumindest an den ersten beiden Tagen waren unmöglich realistisch. Ich schätze, dass ich korrekt gemessen insgesamt ungefähr 100 Kilometer gegangen bin.

Aufführungsdauer

Am ersten Tag 8 Stunden und 7 Minuten ohne Pause, am zweiten Tag knapp 4 Stunden mit ganz vielen Pausen und am dritten Tag 9 Stunden und 3 Minuten mit zwei 10-minütigen Pausen. Die zweite Pause nur im Stehen da ich – wie gesagt – nach dem Sitzen nicht mehr laufen konnte. Mit diesen 9 Stunden war ich nur gute 4 Stunden langsamer als bei meinem »richtigen« Marathon in Köln gewesen, für den ich quälende 4 Stunden und 52 Minuten gebraucht habe. Aber das ist eine andere Geschichte.

Manuel Andrack
Du musst wandern

Ohne Stock und Hut im deutschen Mittelgebirge
KiWi 879
Originalausgabe

Manuel Andrack, bekannt als unersetzlicher Anspielpart-
ner von Harald Schmidt, wandert seit fast zehn Jahren in
der Eifel, dem Harz oder durch die Sächsische und
Böhmische Schweiz. Dabei wandert er mit Freunden, seinen Kindern und seinen Eltern, aber am liebsten wandert
er allein und lange. Oft ist Manuel Andrack den ganzen
Tag unterwegs, geht bis zu 40 Kilometer. Er wandert
nach dem Abstieg des 1. FC Köln (mit jedem Schritt
wurde der Schmerz weniger) und findet Trost beim
großen Wanderer Johann Wolfgang von Goethe: »Was ich
nicht erlernt habe, das habe ich erwandert.« Fundiert und
unterhaltsam beantwortet er in seinem ersten Buch
Fragen rund ums Wandern und stellt den Lesern seine
Lieblingswege vor.
Dieses Buch macht Lust auf Wandern. Ohne Stöcke, ohne
Hut!

Paperbacks bei Kiepenheuer & Witsch  www.kiwi-verlag.de

Manuel Andrack
Meine Saison mit dem FC

Ein Bildungsroman – Ein Reiseroman – Ein Liebesroman

Seit 20 Jahren ist Manuel Andrack bekennender Fan des 1. FC Köln. Als sein Lieblingsverein zum dritten Mal in die zweite Liga absteigt beschließt er, dass gerade jetzt ein Liebesbeweis vonnöten sei. In der Saison 2004/05 schaut er sich daher jedes Spiel des FC live im Stadion an.

Wie Tim Parks in »Eine Saison mit Verona« begleitete Andrack einen der beliebtesten Vereine Deutschlands – egal, ob es nach Dresden oder nach Unterhaching ging. Es wurde eine Reise in Städte und Stadien, die nicht in der »Sportschau« auftauchen. Im Fanbus und -zug erfuhr er nicht nur, was Fans alles ertragen und erleiden, sondern auch die Fan-Geschichten – jede ist eine besondere, und doch ähneln sie sich alle in der Hingabe an den Fußball.

 www.kiwi-verlag.de